自分でできる縁むすび

呪いを解いて幸運を引き寄せる方法

青龍《せいりゅう》

WAVE出版

はじめに

あなたは今、どんなご縁を必要としていますか？

「良いご縁があれば結婚したい」

「この場所には何かとご縁がありまして」

「あの人はお金とご縁が深い」

など、普段から何気なく口にする「ご縁」。

特に結婚や受験、就職など、人生の節目となるような大きな場面に直面する時、私たちはこのご縁を気にすることが多いのですが、たとえ意識してもしなくても、人生は常にこの**「ご縁」の連続でできています。**

そうなると、人生の大事な時々に、いつもあなたが望んだとおりのご縁がやってくるとしたら、どんなにか悔いのない人生になることでしょう。

私はこれまで25年以上、プロの占術家として2万人を超える方々の人生にかかわり、さまざまな「縁むすび」のアドバイスをさせていただいてきました。

ご縁を引き寄せるための日常生活でできる作法はたくさんあるのですが、それを意識して行うだけでも、**望んだ良縁と結ばれる確率は劇的に上がる、**ということを常々実感して参りました。

本書には、中でも私の経験から確かな効果を感じられたものだけを49個精選し、ご紹介させていただこうと思います。


どんな場面でも、良い「縁むすび」をするためには、まず、**良いご縁と繋がらなくてはなりません。**

では、どうすれば良いご縁と繋がることができるのでしょうか。

良縁と繋がるにはまず、あなたが今現在背負ってしまっている、心と体の悪い因縁や悪い習慣――「邪気」をはらって、心と体をすっきりさせることが先決です。

「邪気ばらい」と「縁むすび」はどうしてもセットで考えなくてはならないものなのです。

この「邪気をはらう」方法については、拙著『自分でできる邪気ばらい』で詳しく書かせていただきましたが、本書でも随所で「邪気」について触れていきます。

本書では、心と体をスッキリとさせて良縁と繋がりやすくさせた上で、さらに、そのご縁としっかりと結ばれるための方法を書かせていただきました。

私が普段相談を受けている方々は経営者からアスリート、主婦、OL、芸能人など様々いらっしゃるため、悩みや相談はそれぞれ違いますが、すべての皆さんに共通しているのは、

「良いご縁をいただいて、幸せになる」

ということ。

本書でも、章ごとに人生の大きな関心事（恋愛・結婚、お金、ビジネス・就職、受験・勉強、暮らし・健康）に分けて、それぞれの良縁むすびの方法をご紹介していますが、最終的な目標は、本書を読んでいただいた方が

「望むご縁に恵まれて、幸せになる」こと。その一心で書き上げました。

前著『自分でできる邪気ばらい』が、あなたの心と体の根本をきれいに整えて、**地に足をしっかりとつけるための本**だとすれば、この本は、あなたに良いご縁を繋げてくれる、**天と繋がるための本**だと言えます。

あなたが望んだ幸せと繋がり、最高のご縁と結ばれるために書いた本書は、無限の幸せに向かって羽ばたき、天と良いご縁で繋がる方法をたくさんご紹介しています。

この本を読み終えたあなたの人生は、とんとん拍子に物事が上手く進んでいくことでしょう。

あなたが生活のあらゆる場面で最良のご縁と結ばれ、ますます最高の人生に導かれながら進まれることを心より応援しております。

青龍

いつでも良縁を
引き寄せたい
…そんな時には

即効！
きほんの
縁むすび

ツヤの力を借りる

両目の横からこめかみ周辺にツヤがあると、特に人との良いご縁を引き寄せます。

ツヤが足りないなと感じたら、クリームや化粧品でツヤを足してみましょう。透明なツヤでもいいですし、ピンクや赤系の色味があるツヤならなお効果的です。

この両目の横あたりが黒ずんでいたりツヤがなくカサカサになってしまっていたりする時は、人とのご縁がうまく繋がっていない状態ですので要注意です。

特に恋愛面での良縁を結びたい女性は顔の左側（男性は右側）を、さらに、良い結婚を引き寄せたい女性は顔の右側（男性は左側）のツヤを大事にしましょう。

ココをツヤツヤに

神様の力を借りる

あなたが今取り組んでいる物事や願っていることが成就した時のお礼を、神社で「先」にしてしまいましょう。

実際はまだ叶っていないことでも、すでに無事にご縁が結ばれた、願望が成就したようにお礼を言うのです。

「願った通りの結婚ができました。ありがとうございました」

「ありがとうございました。受け取りました」

言霊《ことたま》は神様とも繋がりやすく、発する言葉どおりのご縁と現実を連れてきます。

そしてその成果が現実にやってきた時は、あなたの心に制限をかけることなく、素直にありがたく受け取りましょう。

ありがとうございました

太陽の力を借りる

天気がいいとき、心地いい場所にいる時には、背筋をピンと伸ばして大きく深呼吸をし、顔を少し上に向けます。そして顔（額や眉間の辺り）と体（胸の辺り）で、太陽光のエネルギーを取り込みましょう。

長い時間行っても良いのですが、昨今は紫外線も気になるでしょうから、30秒〜1分ほどできると良いでしょう。

太陽の光は、人生が自然と良い状況に導かれ、また良縁と結ばれるための情報を持っています。

光を浴びた後は、最後に胸の辺りで両手を合わせてそのエネルギーを体の中にしまいます。これであなたからもご縁むすびの良いエネルギーが出るようになります。

いいエネルギー

色の力を借りる

恋愛・仕事・試験など、行動力と良縁が欲しい「ここぞ」という時は、男女問わず赤やピンクの下着を身につけることをおすすめします。

赤系の下着には、その色の力から身体や内臓を温めてくれる効果もあると言われていますが、赤系の色は波動が高く、「陽の気」を出してくれますので、良い波動のご縁と結ばれたい時の必須の色とも言えます。

意識せずともあなたをポジティブなムードで包んでくれるでしょう。

特に、新たなご縁が欲しい時にはさらに力を発揮しますので、ぜひ試してみてください。

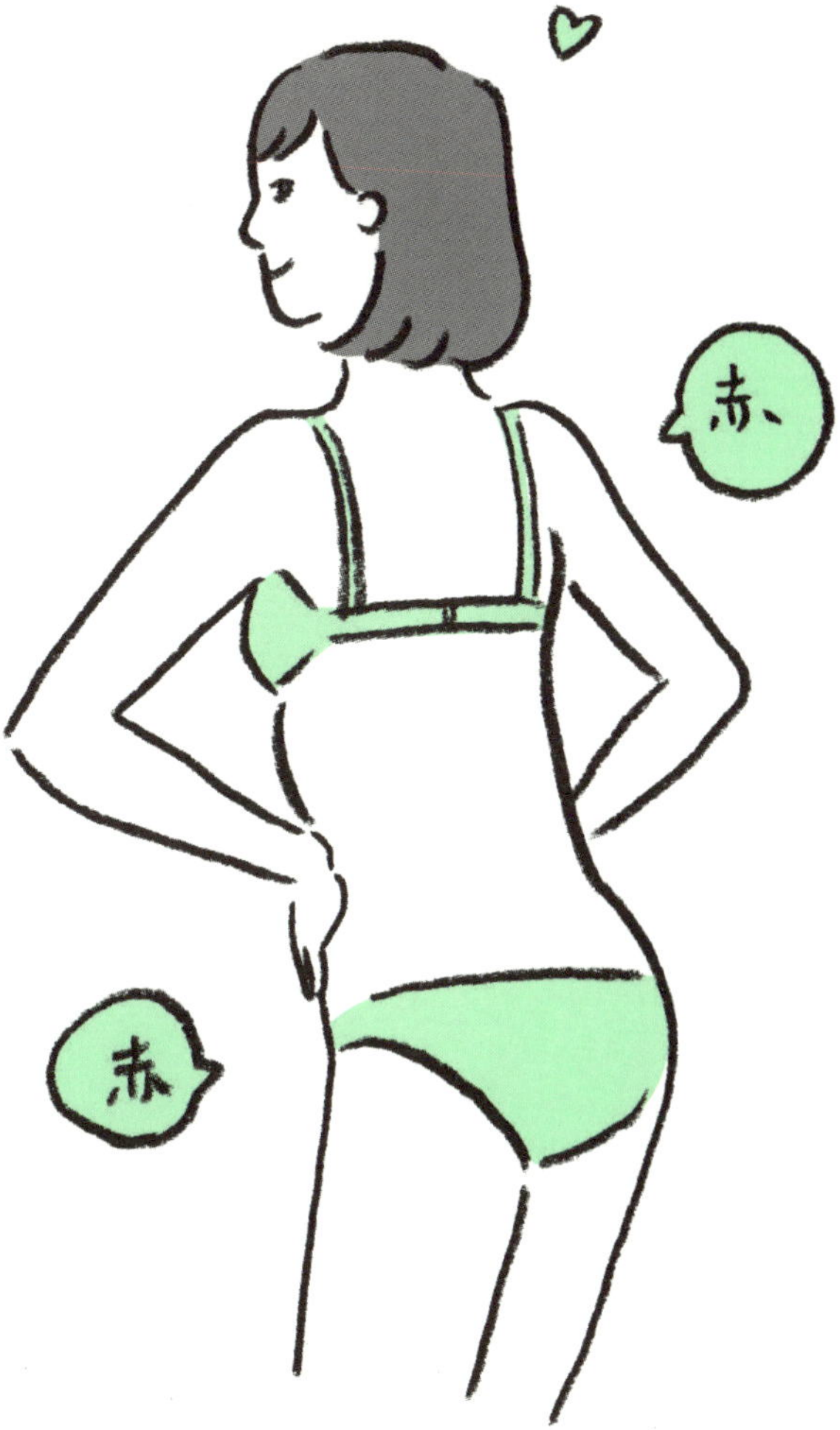
赤、
赤

声の力を借りる

ご縁むすびのために今すぐできて効果抜群の魔法は、「気持ちのいい挨拶」です。

「おはようございます！」

「よろしくお願いします！」

など、今日は普段よりも少し大きめの声を出してみましょう。

声を出すことで、相手の心やその空間にあなたの声が響いて波動が上がりますので、普段すごす場所を、良いご縁と結ばれるパワフルな空間にすることができます。

また、あなたから先に挨拶をすることで、ご縁むすびはさらに加速します。

声の力でご縁むすびのレベルに雲泥の差が出てきますよ。

よろしくお願いします

自分でできる
縁むすび
もくじ

はじめに……3
即効！　きほんの縁むすび……7

第1章
理想の出会いが向こうからやってくる！
恋愛・結婚の縁むすび

1　1日断食でクリアリング……24
2　1日1分の「心の片づけ」がご縁を繋げる……27
3　神様の力を借りる方法……30
4　出会いを呼び込む「桃花水法」……34
5　結婚を呼び込む「催婚法」……37
6　開運メイクで恋愛を引き寄せる……40
7　龍神様が結婚相手を連れてくる……43
8　寝るだけ恋愛成就法……46
9　ご縁を結ぶ数字の力……49
10　あなたの恋愛の邪魔をするのは……52

11 ご縁を繋ぎたい時の秘法……55
12 幸せになる勇気を持つ……58
13 良いご縁は「目」と「足」……61
14 清潔感は縁むすびの第一歩……64
15 神様に自然と導かれる縁むすび……67
16 あなたの見た目が100％……70

第2章 お金の縁むすび

お金と相思相愛になる波動が身につく！

17 「喜び料」をいただく……74
18 お金のご縁と繋がる貯金法……77
19 あなた専用の式神様を味方につける……80
20 逆らえない流れもご縁……84
21 ご縁の合図の受け取り方……87
22 今までの関係が切れるとき……90

第3章

好きな仕事で稼げる人になる！ビジネス・就職の縁むすび

23 100％自分の責任……93
24 賽銭箱はお金の会議場……97
25 執着は良縁を見えなくする……100
26 「目標まっしぐら」がご縁を呼ぶ……103
27 どんどんご縁が繋がる「出し切る法則」とは？……106
28 チャンスを確実につかむ方法……110
29 この一言がご縁を繋ぐ……113
30 自宅で仕事運を上げる方法……117
31 イメージ先取りの法則……120
32 未来のあなたに会いに行く……124
33 ご縁もひとり勝ちの時代……128

34 自分の「使事」の見つけ方……131
35 好きな仕事を天職にするには……134

第4章

ここぞという時に力を発揮する!

受験・勉強の縁むすび

36 やる気よりもその気……138
37 揺れない、折れない「心の御柱」……141
38 劣等感はご縁を遠ざける……144
39 「すごく美味しい」の言霊の力……147
40 受かった学校が良い学校……150

第5章 もう、幸運しかやってこない！ 毎日の縁むすび

41 ご縁を呼び込む掃除力……154
42 龍神様に住まいを見つけてもらう……157
43 挨拶はご縁に繋がるパスポート……160
44 ハッピーエンドのログセ……163
45 体調の変化はご縁の前兆……166
46 ご縁を呼び込む感謝法……169
47 合わない人とは、会わない……172
48 ご縁は日常の向こうにある……175
49 悪縁を断ち切る言霊のチカラ……178

ご縁をむすび、幸運を引き寄せる護符……181

ブックデザイン 原田恵都子（ハラダ+ハラダ）
イラストレーション くぼあやこ
DTP NOAH
編集協力 関美紀
編集担当 佐藤葉子（WAVE出版）

第1章

理想の出会いが
向こうからやってくる!

恋愛・結婚の
縁むすび

1

1日断食でクリアリング

「恋を実らせたい」

「幸せな結婚をしたい」

そう思って、良縁を願い日々努力をしている人はたくさんいらっしゃいます。

でも世の中には、同じ努力をしているのに、思い描いた通りの幸せな現実を手に入れる人もいれば、報われない人もいます。

いったい何が違うのでしょうか？

恋愛成就への道を閉ざしている原因として特に多いのが、実はご自身の強すぎる感情、いわゆる**「執着」**が挙げられます。

自分自身の幸せを願い、思い描くことは大切なことですが、それぱかりにこだわり願いすぎると、それは「執着」という重荷になり、あなたをがんじがらめにしてしまいます。

具体的に言うと、「恐れ」「不安」「悲しみ」というような、ネガティブ感情にとらわれてストレスを感じるようになり、そのせいで生活リズムが狂ったり、暴飲暴食に走ったりするなど、負の連鎖にはまってしまう人も少なくないのです。

はっきり言って、あなたがこのような状態では、良いご縁はやってきません。

そこで執着にとらわれそうだと感じた時におすすめしたいのが、**「1日断食」**。

1日がむずかしければ、**「夜だけ断食」**でもいいでしょう。決して無理をすることなく、**自分のペースで行うこと**が大切です。

1度やってみるとわかると思いますが、断食は体の中に溜まってしまっていた重苦しいものを出してくれるだけでなく、心に溜まっている執着などのネガティブ感情も自然と外に排出してくれる効果があるので、心身両方の**クリアリング**には最適な方法なのです。

心と体がスッキリすることで目標に向かう自分自身もクリアになりますので、恋愛成就、結婚に向けた新しい良いご縁と繋がりやすくなることでしょう。

「執着」が心と体の重荷となって、
ご縁を遠ざける原因に。

2 1日1分の「心の片づけ」がご縁を繋げる

私たちの心は常にたくさんの思考でいっぱいで、自分の「素直な想い」「本当に望むこと」すらもよくわからなくなるほど。

こんな時は、次の方法で**「心のお片づけ」**をしてみましょう。

自分の心の不純物を片づけてクリアな状態にしておくと、同じように心がクリアな人とのご縁が繋がりやすくなるのです。

前著『自分でできる邪気ばらい』でも「邪気ばらい呼吸法」として紹介した瞑想法を使います。今回は新しいご縁を呼び込むイメージ、繋がるイメージを強く意識してやってみてください。

まず、楽な姿勢で座ります。

胡座《あぐら》や正座、あるいは椅子に座るなどして、背筋をピンと伸ばし、姿勢を整えましょう。立ったままでも大丈夫です。

ゆっくり、深く、深呼吸をします。

深呼吸は、お腹が出たり凹んだりする、腹式呼吸で行います。

息を吸うときは、お腹を膨らませ、お腹いっぱいに良い気が充満するイメージで。

そして息を吐くときはお腹を凹ませ、胸の中心にあるハートチャクラから、体の中にある一切のネガティブなものが放出されるイメージで、息を吐き切ります。

深呼吸を繰り返すにつれ、だんだんと強く行なっていきます。

この瞑想法をすることで、あなたが想う人との理想的な展開や、自分はどんな相手を理想としているのか、本当はどんな恋愛を望んでいるかなど、余計なフィルターを通さず**自分の本心をクリアにイメージ**することができるようになります。

あなたの幸せな恋愛成就、愛に満ちた結婚のために、1日1分でも良いので、今日からこの瞑想法を習慣にしてみましょう。

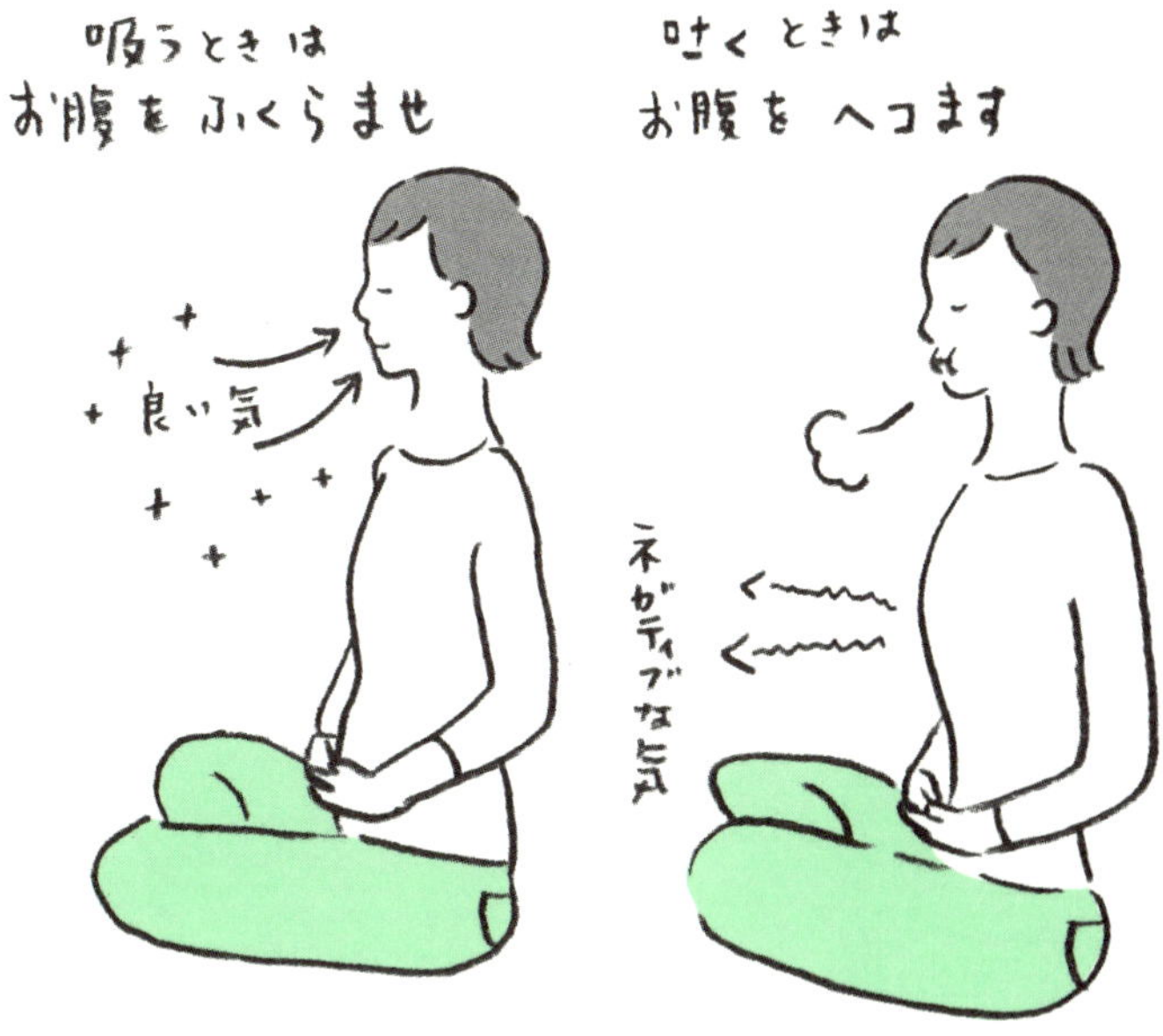
吸うときは
お腹をふくらませ
良い気
吐くときは
お腹をへこます
ネガティブな気

♦かんたん瞑想で、どんな恋愛・結婚が
自分にとって理想的かイメージしよう。

3 神様の力を借りる方法

島根の出雲大社や東京・飯田橋にある東京大神宮など、縁結びにご利益があるとして全国的に有名な神社には、毎日たくさんの参拝客が全国から訪れます。

よく誤解されがちですが、そういうところの神様でなければ、縁結びをお願いしに行っても意味がないと思っていませんか？

実は縁結びのお願いは、あなたの**ご自宅や職場の近くの神社でこそ**していただきたいのです。

あなたやあなたが過ごしている土地を長年見守ってくれている地元の鎮守の神様、氏神様の神社に参拝をすることは、良縁を願うのであればことさら大事にすべきものです。

参拝の仕方には「こうでなければいけない」という厳しい決まりごとなどはありませんので、**感謝の気持ちを持って**積極的にお参りしてみましょう。

◆参拝の手順

1. 拝殿の前に立ち、一礼する。
2. お賽銭を入れる（投げ入れないこと）。
3. 鈴を鳴らす。
4. 次の略拝詞《りゃくはいし》、あるいは祝詞《のりと》を奏上《そうじょう》する。声に出しても出さなくても大丈夫です。

「祓《はら》へ給《たま》へ　清《きよ》め給《たま》へ
守《まも》り給《たま》へ　幸《さきは》へ給《たま》へ」

5. そして神社の御祭神様、もしくは龍神様にお願いをしてみましょう。
こちらも、声に出しても出さなくてもかまいません。

「東京都〇〇区▲▲の［フルネーム］より、感謝申し上げます。人生をさらに幸せに歩ませていただくパートナーを私にお授けください。私をお助けいただきましてありがとうございます」

6．二礼、二拍手、一礼

このように、身近な神社で神様に日頃の感謝やお礼を言うことによって、いつも見守ってくださっている神様はとても喜ばれ、**優先的**にご利益を授けてくださることでしょう。

そして、いつもと同じ光景に見える生活の中にも、あなたは新しい出会いやチャンスのちょっとした合図に気づくようになるでしょう。

ご利益を感じられたら、**ありがたいと感謝して**受け取りましょう。

はらへたまへ　きよめたまへ
まもりたまへ　さきはへたまへ
賽銭

✦身近な神社に日頃のお礼と感謝を伝え、
ご縁結びのお願いを。

4 出会いを呼び込む「桃花水法」

「桃花水法《とうかすいほう》」という恋愛関係の出会いに特化した風水手法があります。
「最近、異性との出会いがめっきり減ってるなあ……」
このような時には、ぜひ風水を由来としたこの方法を取り入れてみてください。

方法はいたって簡単。あなたの生まれ年によって、**特別な方位に花瓶を置くだけ**です（36ページの表を参照してください）。花瓶には適量の水を入れ、あわせて花も飾るとなお効果的です。

花瓶は**つねに清潔**にして、日々、きれいな水を入れておくことで、良いご縁が舞い込みます。

この桃花水法は、新しい風が舞い込み、新しい流れが起きるよう空間に働きかける効果がある、風水の手法。

思いがけない方から**突然のアプローチ**を受けたり、**運命的な再会**をするなど、特に異性との新しい出会いや、それまで停滞していた関係性に劇的な発展をもたらす効果があるのです。

しかし注意して欲しいのは、花瓶に汚れたままの水を入れっぱなしにしたり、または水が入っていない「空っぽ」の状態で放っておかないこと。

ともすると、恋愛を「遊び目的」で考えているような、少々難のある「空っぽ」な異性との縁を呼び込んでしまいますので気をつけましょう。

このように、良縁を引き寄せるための風水を行っていても、その効果がパワフルだからこそ、注意を怠ると**悪縁も引き寄せかねない**リスクも背負っていることを頭の片隅に置いておくことも大切です。

あなたの恋愛運アップに効く 方位・花瓶・花は？

生まれ年	方位
亥年・卯年 未年	北方位／紺色の花瓶／花1本 or 6本
寅年・午年 戌年	東方位／グリーンの花瓶／花3本 or 8本
巳年・酉年 丑年	南方位／赤い花瓶／花2本 or 7本
申年・子年 辰年	西方位／白い花瓶／花4本 or 9本

◆花瓶を置くだけで良縁の引き寄せに！

5 結婚を呼び込む「催婚法」

「結婚したいと思えるような人と出会いたい」
「大好きなあの人と結婚したい」
とあなたが結婚を強く望むのであれば、**「催婚法《さいこんほう》」**という風水であなたのお部屋を「結婚を呼び込む空間」に変えてしまいましょう。

その手法では、「紅鸞《こうらん》」という方位（39ページの表を参照してください）に、**「赤い花」を飾ります。**

赤い花はできれば生花が望ましいのですが、もし生花がむずかしければ、造花や赤い花の写真、絵画などを代用しても大丈夫です（ただし、生花よりは少々効果は落ちるかもしれません)。

生花を飾る場合は、こまめに水を替えて常にきれいな状態にしましょう。「桃花水法」と同じく、こちらも水を空にしてしまったり、花を枯らしてしまうと逆効果になる場合もありますので、面倒くさがり屋さんや、出張などでお部屋を長く留守にされる方は、はじめから造花などを飾るほうが良いかもしれません。

ちなみに、前項でご紹介した「桃花水法」にも「催婚」の効果がありますので、あわせて活用することでさらに結婚運がアップしますよ。

あなたの結婚運アップの方位は？

生まれ年	方位
子年	東
丑年	北東の東寄り
寅年	北東の北寄り
卯年	北
辰年	北西の北寄り
巳年	北西の西寄り
午年	西
未年	南西の西寄り
申年	南西の南寄り
酉年	南
戌年	南東の南寄り
亥年	南東の東寄り

◆結婚運には、赤い花を飾るのが有効。

6 開運メイクで恋愛を引き寄せる

「人相学」や「人相占い」は、人の顔つきを見て、その人の運勢や性格などを観る手法です。

ここではその「人相」を活用して恋愛運をアップさせる方法をご紹介しましょう。

あなたのお顔を、普段からご縁を引き寄せる**「恋愛顔」**にしていきます。

顔の両目の外側、コメカミあたりを「妻妾宮《さいしょうきゅう》」と言い、恋愛運においてはこの**妻妾宮にツヤがあること**が大切になります。

女性の場合、顔の左側の妻妾宮には、出会う可能性のある男性、もしくは現在お付き合いをしている彼氏の相が表れ、顔の右側の妻妾宮には結婚相手との運気が現れるといわれています（男性の場合は左右を逆に判断します）。

たとえば、あなたの左目の外側、コメカミあたりに良いツヤが出ている場合は、これから出会う男性や現在の彼氏との恋愛が先に進んでいく傾向にあります。

さらにうまくいって結婚に近づくと、そのツヤはだんだん逆側に移っていき、今度は右目の外側、コメカミあたりに良いツヤが出始めます。


自然にこのようなツヤが出ていることがとても良い状態なのですが、逆転の発想で、良い色、良いツヤが顔に出てくるのをただ待つのではなく、**先にツヤを作ってしまい効果を呼び込む**のが、開運メイクというわけです。

新しい出会いを望む人は左目側の妻妾宮に、また結婚相手に迷っていたり、付き合っている彼とそろそろ結婚したい、などと望む人は右目側の妻妾宮にクリームなどでツヤを出してみましょう。

開運恋愛人相術で、あなたの望む恋愛成就を引き寄せましょう。

✦開運メイクのパワーを借りて、いつでも「恋愛顔」になっておこう。

7 龍神様が結婚相手を連れてくる

私は基本的には、神社に参拝する時は「日頃の感謝やお礼を伝えに行く」お礼参りをおすすめしていますが、あなたが今とても強く願っていることがあるなら、思い切って**「龍神様」**に甘えてお願いをしてみましょう。

龍神様は、あなたのお願いを叶えるために動いてくださる、とても**パワフルで行動力のある神様**です。

まず、龍神様を御祭神として祭ってある神社に参拝します。

神社の参拝方法は前（31～32ページ参照）にも書きましたが、今回はそれに加えて具体的な項目をいくつか足していきましょう。

1．まず、あなたのご住所、お名前を言います。

2．あなたの望む結婚相手の条件を具体的に龍神様に伝えます。

そして「龍神様、このようなお相手とのご縁をお結びください」とお願いしてみましょう。

ここでの大切なポイントは、希望条件をあまりにも**事細かにお伝えしないこと**。細かすぎたり、条件が多すぎたりすると、龍神さまがあなたとご縁を繋ぐお相手を見つける範囲が狭まり、ほんの少しでも該当しない異性は弾かれてしまいます。

選択の余地が大きいほどチャンスや可能性も大きくなりますので、お願いの希望項目は、大まかに2つから3つくらいまでにするのが良いでしょう。

そして龍神様にお願いした後は、日々の生活であなた自身の努力や工夫も必要です。とは言っても、することは、**明るく正しく楽しく過ごす**こと。

このように意識して行動をしている人のためなら、龍神様もどんどん力を貸してくださいますよ。

◆願いごとの希望項目は2〜3個に
まとめておくのが叶うコツ。

8 寝るだけ恋愛成就法

恋愛にはいろいろな方との出会いがありますし、また、いろいろな出会い方があります。

お友達の紹介、お仕事を通じたお食事会や懇親会、パーティーなどのような社交の場、趣味を通じた場所、合コン、等々……。

その中でも、**安定的に結婚まで進みやすい落ち着いたご縁**を、風水を用いた方法で引き寄せてみましょう。

この目的に最適な方法として、中国伝統風水に古くからある方位で、**「延年《えんねん》」方位のエリア**を活用する方法があります。

まずは、延年方位のエリアがご自宅のどこにあるのか調べてみましょう。

延年方位は、まず「門位（自宅の中心から見た玄関のある方位）」をチェックして、次のページの表から割り出しましょう。

この延年エリアで毎日寝ることが、恋愛運アップに一番効果的です。そのため、この延年エリアが寝室だと理想的なのですが、このエリアを寝室として使うことがむずかしい場合は、日頃くつろいでいるリビングなどでも良いでしょう。

どうしても延年エリアをくつろぐ場として活用できない場合は、現在のあなたが使っている寝室の中心から寝室ドアを玄関と見たて、あなたのお部屋だけの延年エリアを活用することもできます。

延年エリアで寝たりくつろいだりすることにより、安定した恋愛運がアップします。この方法で落ち着いた穏やかな出会いやご縁結びを呼び込みましょう。

あなたのお部屋の延年エリアは？

玄関の位置	延年エリア
東方位	南東エリア
南東方位	東エリア
南方位	北エリア
南西方位	北西エリア
西方位	北東エリア
北西方位	南西エリア
北方位	南エリア
北東方位	西エリア

✦ 落ち着いたご縁が欲しい時は自宅の延年エリアを意識して。

9 ご縁を結ぶ数字の力

各数字にはそれぞれ特別な力があり、それらを目的別に活用することで、運気をアップさせることができます。

その中で、恋愛を意味する数字は、**「1」と「4」と「9」**になります。

1と4には「恋愛」そのものの意味があり、9には「お祝い事」というめでたい意味があります。この9を特に恋愛面での活用を考える場合、「結婚・ゴールイン」として見るのです。

また、1と4は恋愛の意味があると書きましたが、同じく恋愛といっても、それぞれ特性が違います。

1には、相手に一目惚れをしたり、お付き合いを始めてから短期間で婚約まで進むような、いわば「電撃結婚」的な**勢いのあるイメージ**があります。

一方4は、お友達や結婚相談所などの紹介から、お茶→デート→ディナー→旅行のように、時間をかけてじっくりとお付き合いを進めるような、「お見合い結婚」的な**ゆっくりと安定したイメージ**です。

結婚を望むものの、出会いから目まぐるしい勢いで進む関係に不安を感じるなら「4」と「9」、煮え切らない長い春にヤキモキしたら「1」と「9」など、このように数字を組み合わせることで、恋愛運をアップさせていきましょう。

たとえば、人とのご縁を繋ぐツールとして大事な役割をもつ携帯電話やメールなどですが、電話番号の下4ケタや、メールアドレス等に、この恋愛数字を取り入れてみるのもいいかもしれません。

また、座席番号、電車に乗る車輛の号車、暗証番号、お部屋やオフィスに飾る花の本数など、**生活のいろいろな場面**でこの恋愛数字「1、4、9」を取り入れてみることもできます。

この数字のパワーがあなたの恋愛成就、良いご縁結びのサポートをしてくれますよ。

あなたの恋愛運と結婚運がどんどん上昇することでしょう。

✦恋愛には1（スピード）と4（じっくり）、
結婚には9があなたをサポート。

10 あなたの恋愛の邪魔をするのは

いつも前向きにがんばっているのに、なぜか恋愛が続かない、いつまでたっても良いご縁がやってこない……そんな時は、過去の悪縁があなたの恋愛を邪魔している可能性があります。

あなたは**過去の恋愛をいつまでも引きずっていませんか？**

「あの人が戻って来るのではないか」

「またやり直せるのではないか」

心のどこかで、そうした思いを手放せないでいるのではないでしょうか。

あなたのそのような想いは、せっかく近くまで来ている**新しい流れ**を塞き止めてしまうことがあります。

過去の恋愛というのは、もう終わったことだと頭では理解していても、心のどこかでは、楽しかった時間やあのがんばった努力がもったいないと、しがみつきたくなるものです。

ですから、すべてを心の中から振り払うことはとても勇気の要ることです。

しかし、**新しいご縁や素晴らしい未来は、過去にはありません。**

過去の恋愛に対するずるずるじめじめとした想いが**執着**となって残っている場合、それは**「悪縁」**になってしまいます。

素晴らしい未来は、思い切って執着を心から取り除き、勇気をもって進んだ先に広がっているのです。

もしかすると、新しいお相手はもうずっと前からあなたの前に現れていて、**あなたの心の椅子が空くのを待っている**のかもしれません。

でも、その椅子にいつまでも前の相手が座っていては、新しい異性はやってきませんよね。

過去の出来事には心から学び感謝して、スッキリとクリアな状態で次のステージに進みましょう。

◆過去の恋愛への想いは、「悪縁」になる前に感謝して手放しましょう。

11
ご縁を繋ぎたい時の秘法

「あの人とお付き合いしたい」

「付き合いがこのまま順調に続きますように」

「そろそろ恋人と結婚したい」

このように、**すでに出会っているご縁をさらに繋ぎたい時**には、「延年」エリア（46～48ページ参照）を活用した手法が効果的です。

前項では自宅の中心から見たあなたの延年エリアを寝室に使うことが一番効果的とお話ししましたが、今回の方法はそのエリアが寝室として使えない場合でも大丈夫です。

ご自宅の延年エリアに、次の手順で「恋愛成就の紙」を置いてみましょう。
紙の色は白色で、名刺からハガキ程度の大きさが良いでしょう。

1．紙の片方の面（表面）に自分の名前を書きます。
2．反対の面（裏面）に相手の名前を書きます。
3．そして、その紙が入る大きさの容器に入れ、その紙の上に粗塩を適量かけます。紙が見えなくなる程度で良いでしょう。
4．その紙がすべて浸かる程度、清酒をかけます。清酒は糖類の入っていないものが良いでしょう。

この恋愛成就法と、延年エリアを重ねて使うことで、あなたの良いご縁結びにさらに拍車がかかることでしょう。

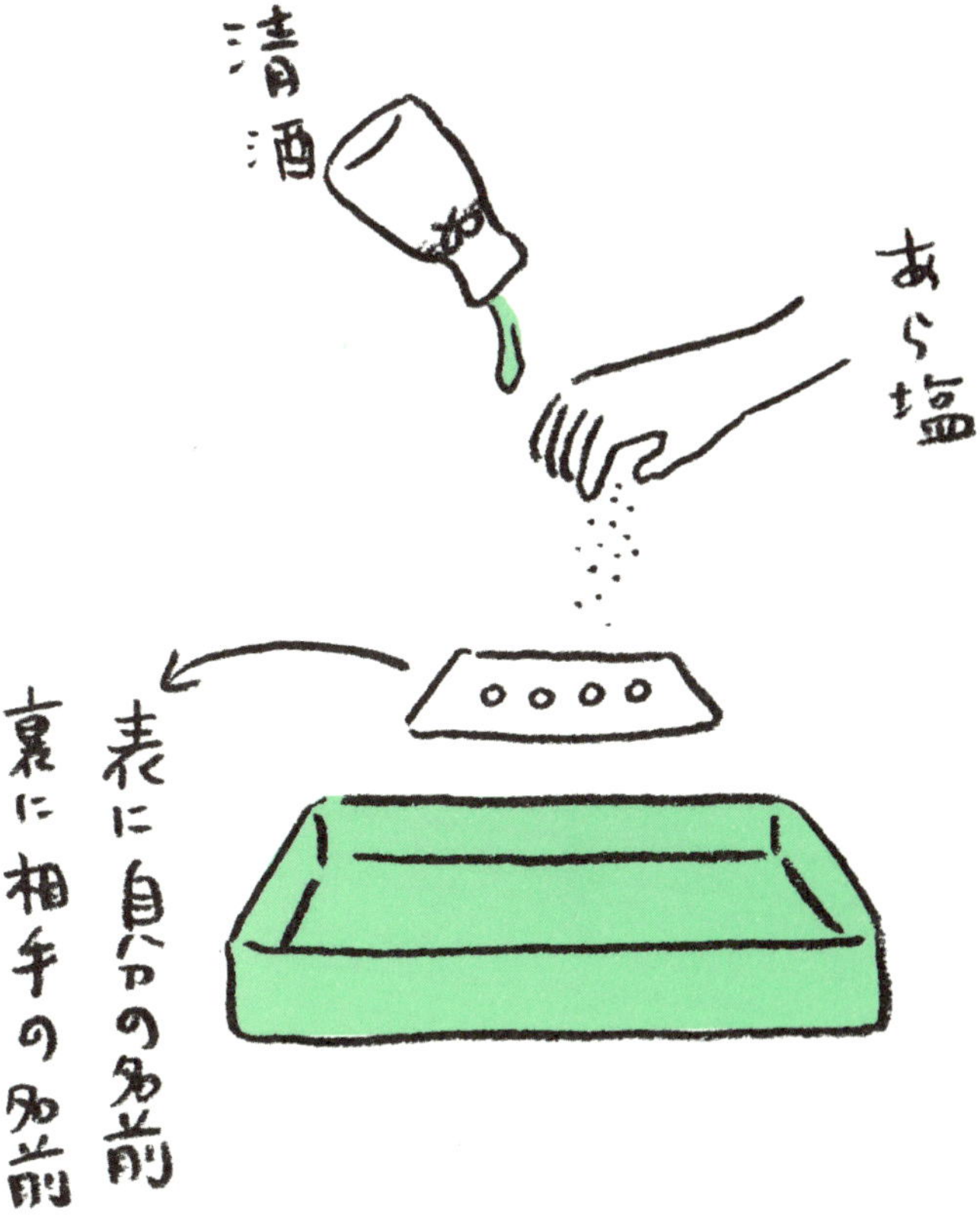

✦今のご縁をキープするには
「恋愛成就の紙」を延年エリアに。

12

幸せになる勇気を持つ

「今日は何か良いことがありそう」という、特に根拠のない自信や予感を強く感じたことはありませんか?

それは、**実際に良いご縁があなたのすぐ近くまでやってきている兆し**です。

でもそれが「兆し」だけで終わってしまったとしたら……なぜ、あなたはその時良いご縁を結べなかったのか、ちょっと考えてみましょう。

近くまで来た良縁を結べるか否か、それは、あなたの自分自身に対する信頼度、「自信」に大きく左右されます。

日本人は特に、常に謙虚でいること、控え目に振る舞うことを美徳とする傾向にあります。

もちろん謙虚さはご縁を呼ぶのにも大切なことなのですが、その反面、肝心な時まで自分自身の気持ちを押し殺して相手に合わせてしまったり、遠慮がちになってしまったりすると、せっかくの**タイミングを逃してしまう**ことにもなります。

「どうせ私なんか」「わかっているけど、でも」など無意識によく口から出ている人は特に要注意です。この自信のなさが、あなたを全力でご縁を受け取らない方向に導いているのです。

この傾向にある人は、幼い頃に家族など身近な人があなたに発した「何気ない」一言やネガティブな評価にとらわれて、自分の価値を低く決めつけてしまっているのかもしれません。

でもそれは他人が無責任に発しただけの言葉であり、決して事実ではありません。

あなたに起きる出来事は全部自分の責任になるのですから、自分の評価や「こうありたい」という姿は**自分で決めていい**のです。

「私は今日もますます元気に明るく良いご縁を受け取ります！」

毎日、鏡の前でこう宣言しましょう。

ご縁は、**幸せになる勇気と覚悟を持った人**のところにやってきます。

◆「理想の自分」を自分で決めたら、
毎朝、鏡の前で宣言しよう。

13 良いご縁は「目」と「足」

良いご縁は、ただボーっと待っているだけではなかなかやってきません。行動することが早道であり、鍵となります。

良いご縁はよく、「目」と「足」と言われます。

これは、**自分の足で直接出向き、自分の目でしっかりと確かめる**という「行動をすること」があなたの恋愛運を飛躍的にアップさせるという意味です。

神社に参拝に行くことも素晴らしい行動の一つですが、今回は次の段階に行動を移してみましょう。

次の段階、それは**「出会いの場」に実際に足を運ぶ**ということです。

あなたが理想の異性と出会うためには、「出会う」という行動が必要になります。

最近はインターネットという便利なツールのお陰で、より多くの人との出会いが可能になりました。

バーチャルな出会いから始まる良いご縁ももちろんありますが、残念なことにインターネットでは、その人のリアルな人間性まで詳しく見ることができません。そこにはどうしても自分の固定観念や理想が加味されてしまうので、逆に判断がむずかしくなることもあるのです。

もちろん実際に会ったからと言って、性格や人間性を完璧に判断できるわけではありませんが、実際にお会いしてあなたが自分の目で見て感じる、その人に対する**素直な第一印象**はとても重要です。

お友達からのご紹介や、親しい方の主催する趣味の集まりやお食事会などに積極的に参加してみるのも良いと思います。

あまり気負わず、「たまには顔を出してみるのもいいかな」という気軽な気持ちで行動するのも良いでしょう。

「思い」を「行動」に移す、それだけのことで、良いご縁を引き寄せる力は劇的に高まりますよ。

✦実際に会うことこそが良縁への近道！

14

清潔感は縁むすびの第一歩

人と人とのご縁を考える時、きれいで魅力的に見えることは大切です。

これは何も、顔の作りやスタイルの良さ、または高級な服やカバンで華美に装うことではありません。

一番大切なのは、あなたの内面から出ている清潔感です。では、内面の清潔感とはどうやって出せば良いのでしょう。

人の**内面と生活習慣、お部屋の清潔さは互いに引き寄せあう**と言われています。

ですから、外見の清潔感――毎日きちんとお風呂に入る、髪や着る服を整えるなどと同時に、身のまわりの空間や物もきれいにしておきましょう。

◆部屋に長い期間放置してある要らない物は、譲ったり処分したりしましょう。
◆床や家具などはこまめに拭き掃除できれいにしましょう。
◆食べる物のバランスや食べ過ぎにも注意をして、体の中もスッキリときれいにしましょう。

また髪の毛などがきれいに整い、頭頂にツヤが出ていることも大きなポイントになります。

なぜなら頭は、天に一番近いので、神様と繋がるためにとても重要な部位。

その頭髪にツヤを出してきれいにしていないと、天から見ている神様があなたを見つけられないのです。

清潔な空間と体で生活できる環境を心がけて、**外見・内面両方のきれい**を目指しましょう。

♦自分自身と身のまわりを、いつでも
清潔&ツヤツヤに。

15
神様に自然と導かれる縁むすび

一見、年格好も生活スタイルもそう違わない2人がいるとします。

ひとりはいつも良いご縁に自然と導かれ結ばれる人。

もうひとりは、いつもあと一歩というところで良縁が手元からスルっと離れていってしまう人。

いったいこの2人の違いは何でしょうか?

もしかすると、**日頃の「陰徳」の積み方の違い**が大きな要因かもしれません。

そしてそれは、ご縁結びの神様に好かれているかどうか、ということになります。

陰徳とは、陰で行う徳のある行動、つまり、たとえ人が見ていなくても思いやりを持って人や物と接するということです。

あなたは、日々のお仕事やプライベートで、いつも思いやりを持って人に接していますか？　物を大切に扱っていますか？

またもう一つ大切なのは、**「足るを知る」**ということです。

自分が持っていない物への不平不満ばかりを口にするのではなく、**本当は物心両面で満ち足りている**ということに気づきましょう。

そして、自然との調和の中で今日も生かされていることへの感謝をしましょう。

この感謝の心が自然と調和して、あなたを見守ってくれている八百万の神様たちに通じたときに、初めてあなたの願い――良いご縁と結ばれるよう力を貸してくださいます。

そして、あなたの知らない領域で大きな力が動き出し、水が穏やかに流れていくように物事が自然に動きはじめるのです。

良縁の神様はあなたの「思いやり度」に敏感ですよ。

✦ご縁結びの神様は日頃の思いやりと
感謝の気持ちが大好き。

16 あなたの見た目が100%

人はなんと言っても中身が一番重要なので、「心はきれいな人」「本当は優しい人」などと言われるのも、もちろん大切なことです。

でも、恋愛に発展するかもしれない出会いについては、第一印象を良くしないことには、始まるものも始まりません。

そして**第一印象は、100%見た目で決まる**、と言っても過言ではないのです。

たとえば、誰かにプレゼントをもらう時、同じ品物でもコンビニのビニール袋に無造作に入っているものと、きれいな包装紙にピシッと包まれているものでは、受ける印象が違いますよね。

多くの人がきれいな包装紙に包まれている商品のほうに価値と魅力を感じるでし

よう。

そして、このきれいな包みの中には何が入っているのかな？　と興味が湧いてくるものです。

それは人も同じこと。

いくら性格が良い人でも、外からは見えませんので、まずは見た目の第一印象で判断されてしまいます。

人の場合、きれいな包装に当たるのは、やはり明るくて清潔な雰囲気です。

「爽やかな笑顔」「優しい言葉使い」「清潔なツヤ感」などの**「陽の気」**が、あなたの第一印象を魅力的にします。

恋愛の相手はもちろん、ご縁結びの神様もあなたの明るい魅力に引き寄せられることでしょう。

まずは外見が輝き出すことで、良いご縁結びに繋がっていきますよ。

✦笑顔・優しい言葉・清潔感。
見た目の第一印象は「陽の気」でアップ。

第2章

お金と相思相愛になる
波動が身につく!

お金の
縁むすび

17

「喜び料」をいただく

「お金とのご縁」

これはほとんどの人が欲していながら、結ぶのが一番むずかしい、と思われているご縁ではないでしょうか。

お金とのご縁が深い人は実際にいます。では、**ご縁がない人との違い**は一体なんだと思いますか？

それは、ある**「行動」**にかかっています。

自営業の人、勤め人、専業主婦など、環境や形はそれぞれ違いますが、一般的にお金が自分の懐に入ってくるためには仕事という行動が必要になります。

そしてお金との良いご縁に繋がるためには、あなたの行動が**誰かに喜ばれる必要がある**のです。

自営の方は、もちろんお客様や取引先に喜ばれることです。

お勤めの方は、お客様や取引先もそうですが、あなたを評価してお給料をくれる社長さんを喜ばせることも大切。

また専業主婦の方は、帰宅したご主人に「お疲れさま」「いつもありがとう」など と、一声かけるだけでご主人はホッと安心できて癒されます。一日の疲れが消えるような整ったお部屋にして美味しいごはんを用意しておくことで、明日も仕事をがんばってもらえます。

このように、**自分が喜ぶ前に相手を喜ばせる**ことがお金のご縁結びになります。

そして結果として、自分自身に喜ばしいこととして返ってくるのです。

自分が頂く金額は相手の**「喜び料」**と考えましょう。

あなたも相手も喜ぶ方法。それが良いお金のご縁と繋がる道なのです。

周りの人に喜ばれた「喜び料」が
良いお金のご縁と繋がる大切な鍵。

18
お金のご縁と繋がる貯金法

「あなたは、お金が好きですか？」と問われたら、ほとんどの人が「大好きです！」と答えるでしょう。

しかし続けて、「では、貯金はありますか？」という質問をすると、「ありません」もしくは「とても少ないです」という答えが返ってくることがあります。

人は好きなものを集めようとしますので、お金が貯められないのは変ですよね。

ではなぜ、好きなのに集められないのでしょうか。

お金の代わりに、そのお金で買った服やバッグなど、物ばかりが溜まっていく場合、あなたは**「お金が好き」なのではなく、「服が好き」だったり「バッグが好き」なのです。**

もちろん欲しい物を得るためにがんばって働いてお金を稼ぐのは良いことですが、「お金のご縁と結ばれる人＝お金が好きな人」は少しずつでもお金を貯めていくものです。

あなたの物に対するお金の使い方を、少し貯める方にも向けてみましょう。

そこで、すぐにできて効果的なのが、**「一割貯金」**です。あなたの毎月のお給料や売上、お小遣いなどの中から、一割だけ貯金をする方法です。

一割であればあまり負担を感じずにすみますし、生活もそれほど変わりませんので、無理なく貯金を続けられます。

それじゃ全然お金が貯まらなそう、すごく時間がかかりそう、などと考える人もいるでしょうが、ぜひ一度お試しください。

物事は勢いがつくとどんどん加速します。

このたった「一割貯金」でも、実際にやってみると思っている以上の効果が出ることでしょう。

前にも書きましたが、**良いご縁は行動することから。**まずは小さな一歩で良いので、これまでとは違う行動に踏み出してみましょう。

◆無理なく続けられて効果の出やすい
「一割貯金」で、お金と結ばれる人に。

19 あなた専用の式神様を味方につける

式神様《しきがみ》と言いますと、映画などで陰陽師が操る「分身」や「家来」のようなイメージを持つ人も多いことでしょう。

もとは「三式《さんしき》」と言われる3つの占術で扱う「神」を活用することから「式神」と言われています。

この式神様を、**「あなただけの式神様」**として味方につけると、良いお金のご縁には積極的に繋げてもらえたり、悪いご縁は跳ね返してもらえたりするなど、自在に操ることができます。

言うならば、常にあなたに寄り添う、ボディガードや専属コーチのようになってもらえるのです。

◆式神様の見つけ方

1．楽な姿勢でリラックスして目を閉じ、深呼吸をします。
2．目を閉じたまま、次のような言葉を唱えます。
「私の式神様、目の前に現れてください」

内容が同じであればあなたの話しやすい言葉で大丈夫です。
3．あなたの式神様をイメージしてみましょう。
あなたの式神様ですので、好きな神様、あるいは人や動物をイメージしても良いですし、好みの形でイメージしても結構です。
4．あなたの式神様が目の前に現れたら、お金のご縁と結ばれたい理由や目標、望みなどを伝えます。

式神様からは、その場で何かしらアドバイスをもらえることもありますし、しばらく後にアドバイスが降りてくることもあります。

目に入ってきた本のタイトルや広告の文字、テレビやラジオ、誰かの会話の中の言葉などになぜかピンとくるものがあったら、それは式神様からアドバイスを感じ取った瞬間です。

目には見えませんが、あなたのそばに常に寄り添っていることを確信するような出来事が次々と起きることでしょう。


自分自身が**全力で行動しているときは、自然と式神様も応援しています。**

そんな時は、式神様も、次々と良いお金のご縁と繋がるための人や物事を見つけて、あなたに合図を送ってきます。

そして合図をいただいたと感じたときは、必ずお礼を言いましょう。

「式神様、いつもありがとうございます」

人生を一緒に歩んでくれる味方がいることはとても心強いことです。

まずは楽しむレベルから、式神様を活用してみましょう。

✦ 自分専用の「マイ式神様」をイメージして味方につけよう。

20 逆らえない流れもご縁

日頃は安定した流れで良いお金のご縁と繋がっていても、時にはその流れに乱れが生じ、抗えないほどの急な流れや、逆流のような状態になってしまうこともあります。

そのように日常の流れが大きく変わり出すときは、出会いのご縁やお金とのご縁が**大きく変わる合図**なのです。

流れが変わることで、ある日、突然会社から遠方への転勤を言い渡されたり、またはリストラの話があったり、自営の人は取引先から取引終了のお知らせが来たりと、まさに今までとは激変することになりますので、戸惑い不安にもなるでしょう。

場合によっては、当面お金が入ってこないという苦しい状態になったりもします。

なんとか元の状態に戻れないかと頑なにがんばっても、仕事も人間関係も余計上手くいかずに、我慢し続けるような苦しい状態を引き寄せてしまうことになることもあります。

しかし、**抗えないほどの強い流れ**の場合は、新しいお金とのご縁はもうそこまで来ているということです。

しがみつくのをやめ、手を放し、その**流れに身を任せてみる**のも良いのではないでしょうか。

たとえば、逆流の川を全力で1時間泳いでも数メートルしか前に進めないかもしれませんが、心と身体の力をゆるめて、180度向きを変えて流れに身を任せてみると、まったく泳がなくても体は流れに乗ってどんどん進んでいきます。

新しい流れに乗るだけで勢いも変わりますし、その勢いがある分、新しい人とのご縁、良いお金とのご縁もどんどん増えてきます。

逆らえないときは新しい流れにのって、さらに良いお金のご縁と結ばれましょう。

時には新しい流れに身を任せたほうが
いいご縁と繋がる可能性が。

21
ご縁の合図の受け取り方

「小金は自分の努力、大金は天を味方につける」

お金との大きなご縁は、天と繋がってやってきます。

でもこの場合、いきなり望み通りのお金がやってくるわけではありません。初めは**人とのご縁**が増えてくるという形で現れます。

そして、少し遅れてその人の縁を通してお金との良縁に繋がっていきます。

お金のことを「お足」というように、**あなたにお金を運んで来てくれるのは機械ではなく「人」なのです。**

インターネットが発展して、メールや携帯電話がどんなに便利でも、お金とかかわるのは人間です。

ですから、人とのご縁が増えてきたら、新しいお金のご縁がやってきている合図だと思いましょう。

そして、もう一つ大事なのが、**日頃の意識的な善の行い**です。

前にも書きましたが「先に喜びを与える」という姿勢で、心から「他を利する」行動をすることで天は徳のあるあなたの味方をしてくれます。

また、お金と密接に繋がっている龍神様も徳のあるあなたのお仕事や活動を応援してくれるようになります。

自分の努力だけでなく、それに加え天や龍神様の助けや協力を得られますと、良いお金とのご縁が倍増していきます。

良いお金のご縁は、善い人とのご縁。人との出会いがご縁の合図です。

◆善い人とのご縁が増えたら、善い行いを
意識して、お金のご縁を倍増させよう

22 今までの関係が切れるとき

特にお金とのご縁に直結する経済活動では、多くの人たちとのご縁で成り立っていることでしょう。

しかし、それらのお付き合いの関係が突然プツっと切れることがあります。

その時は、「あれ？　どうして？」と思うかもしれませんが、それにもちゃんと意味があるのです。

通常、人は新しい環境や変化に恐れを感じるものですので、少しぐらい自分の思い通りになっていない状況でも、今までのお付き合いや人間関係がゆるく続いているほうが楽かもしれません。

しかし、それでも環境や関係が変わる時は、実は天があなたの魂に、「次のステー

ジ」の準備ができたことを知らせてくれている時なのです。

この「次のステージ」というのは、今まで関係のあった人たちとの次元の上下や優劣を意味しているのではありません。

ひとりひとり違う階段をそれぞれのペースやタイミングで登っています。

あなたの魂の向上のため、「あなたのためだけの上のステージ」に行くというのは、現在の次元＝フロアが変わるという意味です。

ほかの人たちも、それぞれの魂の向上のために**最善のタイミング**で、それぞれの上のステージに進んでいくのです。

何も心配は要りません。

このような合図に気づいたら、**今までのすべてのかかわりに感謝をして、迷わず次に進みましょう。**

あなたを守ってくださっている神様、龍神様、天が用意してくれた次のステージです。

魂の向上で、さらに良いお金とのご縁が待っていますよ。

✦次のステージの扉が見えたら、今までの
人間関係に感謝して前に進みましょう。

23 100%自分の責任

人生は思い通りに行くことばかりではありません。

がんばっていたことで良い結果が出ることもあれば、逆に理不尽な文句を言われたり、時には相手の勘違いや思い込みでこちらのミスになってしまうこともあったりします。

あなたも一度はこのような状況を体験されていることでしょう。

しかし、どんな時でも、あなたに起こった出来事は、**100%あなたの責任です。**

それは相手のせいで起きた出来事かもしれません。あなたには何一つ落ち度がなく、もしかしたら限りなく被害を受けた立場かもしれません。

それでも、責任は100%あなたにあると考えてほしいのです。

そんな時は、「私はまったく悪くないのに」「私は何もしていないのに」と強く思うことでしょう。

それは決して間違いではありません。

しかし、その考え方があなたのお仕事やお金のご縁を遠ざけてしまっていると理解してください。

たとえば、「このトラブルが起きた原因は、誰の責任なのか?」と考えた時、

「もし半分、私の責任だったとしても、残り半分はあの人の責任だ」

「いや、これはまったく私の責任ではない。100%あの人の責任だ!」

と心の中で叫んだりします。怒りや不満を感じるかもしれません。

本当に、あなたはまったく悪くないかもしれません。

それでも、あなたの中では、100%あなたの責任にしておくのです。

自分自身に起きたことを誰かのせいにすると、その出来事やその人の責任問題をいつも考えるようになります。

結果的には、あなたの頭の中の半分、いや、すべての思考能力の中の、**本来なら明るい想像力や集中力が占めるべき部分を、その怒りや不満に奪われる**ことになる

のです。

こんなに効率の悪いことはありませんよね。

人生、時間には限りがあります。

そんなことに時間を使うより、自分の幸せのために集中したいと思いませんか？

そのために、どんな出来事も１００％自分の責任であるとするのです。

その出来事からは、自分が次から気をつけて改善すべきことだけをしっかり受け取りましょう。

そして自分の**次の仕事に１００％集中する**のです。

状況によっては、起きた出来事を誰かの責任にすることもできるかもしれませんが、その手段はあえて取らずに、さっさと次のご縁に進みましょう。

あなたのそのスッキリした空気に、良いお金のご縁が繋がってくるのです。

笑顔で「あの時は勉強になりました。ありがとうございました」と言える時がすぐに来ますよ。

◆改善すべきことだけ受け取めて、
スッキリと次のご縁へ！

24 賽銭箱はお金の会議場

今回は、神社の賽銭箱の中の様子についてちょっと考えてみましょう。

中に入っている金額を想像するのではありません。ちょっと不思議な話になるかもしれませんが、あなたが「お賽銭」になったつもりで、賽銭箱の中の様子を考えてみるのです。

賽銭箱の中には、日本全国からやってきたお賽銭たちがいます。

その中でそれぞれの自己紹介などがあったりして、自分をこの賽銭箱に入れた「ご主人」のことを話したりします。

その時には、自分がどれだけ大事に扱われてきたか、自分のご主人が日頃どれだけ仕事や人に思いやりを持っているかなどを熱く語ることでしょう。

もしくは、お金を大事にしないご主人の文句を言ったりするかもしれません。

あなたがその賽銭箱から出たとき、**次に向かうのはどこでしょうか？**

あなたのご主人がお金を大切に扱う人であったなら、そのご主人の元に今度は賽銭箱の仲間たちを引き連れて戻りたいと思うのではないでしょうか。

もしそのご主人に大切に扱われなかったと感じていたら、ほかの仲間について、自分を大切に扱ってくれる新しいご主人のところに行くでしょう。

さて、ここでお賽銭の主人であるあなたに意識を戻しましょうか。

あなたが賽銭箱に奉納したお賽銭は、ほかのお賽銭たちにあなたを良く宣伝してくれているでしょうか？

もしくはあなたの文句を言っているでしょうか？

神社に奉納するお賽銭は、たくさんのお金とご縁が繋がるチャンスです。

そのチャンスを生かす意味でも、日頃からお金を大切にし、何事にも感謝の気持ちを持ちながら、一生懸命、誠実に取り組みましょう。

現実ではお金は何も語りませんが、実はあなたの日頃の行動を**一番身近に見て感じていますよ。**

✦ お金は、あなたの行動を一番身近に
見ている存在。

25 執着は良縁を見えなくする

人は一つのご縁としっかり結ばれている時は、それ以外のご縁のことには意識があまり向かないものです。

仕事でも、長いお付き合いの取引先やお得意様がいらっしゃると、その人とのご縁を**当たり前**に感じてしまって、新しいご縁を求めなかったりするのではないでしょうか。

しかし、そういった今までの強いご縁が急になくなってしまうこともあります。

今まであるのが当然と思っていた仕事や入金の予定が急にキャンセルになった時、初めて周囲を見回すと、運良く新しいビジネスや新規のお客様がいることに気がつくかもしれません。

しかし、探さなかったから気づかなかっただけで、実はずっと前から、新しいお金のご縁はあなたの目の前にあったのです。

すぐ目の前にあるものを見えなくさせている原因はなんでしょうか？

そう、それはまさしく執着。**一つのご縁にいつの間にか執着し、依存していたために、新しいご縁には気づかないでいたのです。**

もちろん誰も急にご縁を切られたくはありませんが、相手にもその時々でやむを得ない事情があります。

ピンチはチャンス。

このような、一見するとピンチのように見える時は、新しいご縁があなたの近くまで来ているという合図でもあります。

その時は勇気を持って今までの執着を捨てるようにしてみましょう。

執着という感情で埋めていた席が空くことで、新しいお金のご縁が座ってくるのです。

新しいご縁を**受け取ると決めた時**、はじめて目の前のご縁が見えてくるのです。

お金はあなたの波動に敏感ですよ。

✦執着を手放せば、新しい仕事やお客様のご縁がきっと見えてくる。

26
「目標まっしぐら」がご縁を呼ぶ

良いご縁と結ばれるには、**自分自身の目標に集中して、同じ良い波動の物事や人と繫がる必要があります。**

でも、現状に不満を感じて悶々と立ち止まっていると、本人はその自覚がなくても頭の中は思考停止になってしまうもの。そうなると、自分の目標はそっちのけで他人の言動が気になり、他人の事柄に執着してしまうことにもなります。

結果、新しいご縁はあなたと繫がりたくても跳ね返されてしまうのです。

たとえば、山登りをイメージしてみましょう。

山に登る前、ふもとの街中には登山とはまったく関係ない人もたくさんいます。

「がんばってね！　行ってらっしゃい」と応援してくれる人もいれば、「山に登るなんて危ないだけで意味がない」と否定する人もいることでしょう。迷いがあれば、そこで登るのを止めてしまうかもしれません。

しかし、思い切って山に入り、しばらく登り続けてまわりを確認してみると、もうそこには頂上を目指している人、**同じ目標で登っている人**しかいません。

そこには否定的な雑音は一切なく、お互いに挨拶をしあい、早めに登頂して下りてくる人は親切にアドバイスをしてくれたりします。

上を目指して登っている楽しさとワクワク感、そして頂上に辿り着いたときの達成感で心は満たされています。

これを日頃のお仕事に当てはめてみますと、新しいご縁、良いお金のご縁は、**目標に向かって一歩前に歩み出し、それを楽しんでいる人**に繋がるものです。

あなたも目標を定め、そこに向かうためのワクワクする方法を考えてみましょう。

一歩登り始めることで、ほかのことは一切気にならなくなり、新しいご縁、良いお金のご縁と結ばれることでしょう。

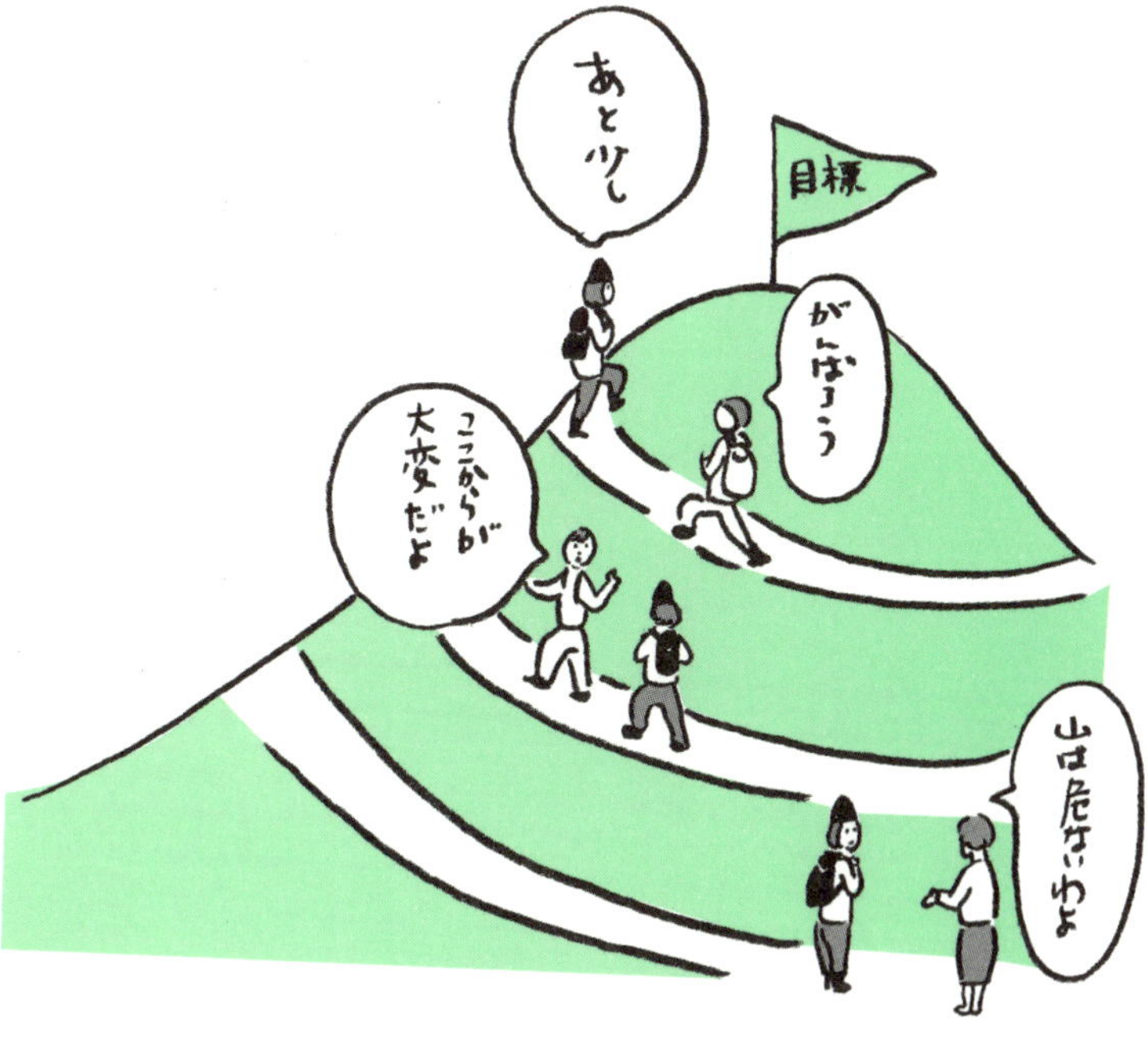

✦一歩踏み出すと、人とお金の世界が
ワクワクするものに切り替わる!

27
どんどんご縁が繋がる「出し切る法則」とは？

あなたは今、自分が理想とする収入を得られていないと感じていますか？

そんな自分と比べて、

「あの人は多くの人とご縁があるな」

「この人はいつもお金とご縁があるな」

と他人のことばかりを気にしているのではないでしょうか。

人をいくらうらやましがっても、あなたの状況は何一つ変わりません。

あなたが良いお金のご縁と結ばれるための方法、それは自分の仕事に**「全力を出し切る」**ことなのです。

「全力を出す」だけではダメです。「出し切る」ことが大切です。

そう言うと、何か大きな仕事を成し遂げないといけないのかと思われるかもしれませんが、それも違います。

たとえば、今あなたのお客様がひとりしかいない状態であるとしても、大勢のお客様を集めることを優先するのではなく、まずは**目の前にいる大切なひとりのお客様のためにすべてを出し切る**ということです。

ポイントは、それが直接儲けにならなくてもいいということ。

今、たくさんのお客様に恵まれ、上手くいっている人も、初めは目の前のひとりのお客様からスタートしているのです。

そのお客様から「ありがとう」と感謝されるようになった時、その人が新たなお客様を連れて戻ってくるのです。

まずは、目の前のひとりのお客様に喜んでいただき、笑顔にしてみましょう。

そしてさらに良いお金のご縁として繋がるのです。

遠くの大勢よりも、まずは目の前のひとりにあなたの全力を出し切りましょう。

◆「全力を出す」ではなく「出し切る」と
あなたのお金の状況も好転。

第3章

好きな仕事で
稼げる人になる!

ビジネス・就職の縁むすび

28 チャンスを確実につかむ方法

ビジネスや就職でも、大事なご縁をうまく繋げる人とそうでない人がいます。

分かれ道になるのは、日々の選択の違いです。

◆前者は、ご縁のあるものはありがたく無条件で受け取る。

◆後者は、何事にも遠慮しがちで受け取れない。

という選択をし続けているのです。

一つ一つは小さな違いかもしれませんが、この**選択の連続が、時が経つと大変大きな違いになっている**のです。

もちろん、自分さえ良ければいいという利己的な考えではありません。

日頃から一生懸命がんばっているあなた自身を認めてあげて、せっかくの良い評価には、気持ち良く「ありがとうございます」と受け取ってみましょう。

「チャンスの神様には前髪しかない」

という言葉がありますが、**チャンスがあなたの前にやって来るのは一瞬です。**

チャンスの神様があなたの前を通り過ぎていくと、後ろ髪はありませんのでもうつかめません。タイミングを逃すと、チャンスも逃してしまうのです。

就職や転職、お仕事のご縁もそうです。

たとえばあなたに、仕事で大抜擢《ばってき》のお話などが来たとしましょう。

もし、あなたが「私はまだまだ力不足ですから」と謙遜《けんそん》して、せっかくのチャンスを受け取らなかったとしたら、この時遠慮したことをいつまでも後悔してしまうかもしれません。

「ありがたく頂戴いたします！」

など、**無条件で感謝しながら**受け取るこのような言葉を練習しておきましょう。

言葉に出すのは照れてしまうという人は、この言葉が自然と口から出てくるように何度も声に出して練習してみましょう。

✦合言葉は「ありがたく頂戴します！」。
遠慮しないでチャンスをつかもう。

29 この一言がご縁を繋ぐ

人生では何ごとも「絶対変わらない」というものはありませんので、物事が急転し、今までの状況が一変してしまうことがあります。

勤め先の業績が悪化して倒産、あるいはリストラを経験する人もいるでしょう。

そんな時、「これまでがんばってきた私がなぜこんな目にあうんだ」など、いろいろな感情が心の中をよぎることでしょう。

どうせ辞めるならと、最後に上司や会社に対して悪態をつきたくなることもあるかもしれません。

でもちょっと待ってください。

その最後となる一言が**次に繋がる**ご縁に直結していくかもしれません。

このような人がいました。

その男性は長年同じ職場で一生懸命に仕事をしてきました。

ある日、突然会社の財政再建のためという理由でリストラになりました。

青天の霹《へき》れきのような出来事だったため、多くの人が会社側ともめていましたが、その男性だけは、一切マイナスの言葉を口に出しませんでした。

そして、会社を去ることを決めた時には、逆に感謝を伝えたのです。

「私をここまで育てていただき、また私の家族を養っていただいたこの会社に心から感謝いたします。今まで本当にありがとうございました」

と、深々と頭を下げてお礼を言いました。

するとどうでしょう。

その後、会社側はその男性に、積極的に新しい就職先の斡旋《あっせん》をしてくれたのだそうです。

さらに後日、幸運なことにその会社の再建のめどが立ち、新たな人員を募集することになった際、最初に声がかかったのはその男性だったのです。

結果、男性は管理職という以前より良い条件と環境で、これからの若い社員を教育する責任者として迎えられたそうです。

リストラされる人も、リストラする人も、当事者はどちらも感情のある人間です。人は**最後の場面での言葉をいちばん強く感じ取る**ものです。

あなたの姿勢を感じ取り、新たなご縁が繋がって来てくれますよ。

何が起きても、最後は**「感謝の一言」**で終わる。

感謝の言葉は、あなたを助ける最強の一言なのです。

✦たとえリストラされても感謝の言葉で
締めくくる。その姿勢が次のご縁に。

30 自宅で仕事運を上げる方法

仕事で認められる、あるいは好きな仕事をする、というのは、人生においてとても意味のあることです。

目指している職業、憧れの業種に就きたい、と日々勉強をしたり、資格を取ったり、いろいろな努力をなさっている方もいらっしゃると思います。

ここでは、あなたが今までがんばってきた活動、そしてお仕事に対する考え方や意欲がしっかりと評価されるための、良い出会いを引き寄せてみましょう。

中国伝統風水には古くから**仕事が安定する方位**として、「天医《てんい》」という方位を活用する方法があります。

あなたのお部屋の中の、この天医エリアを活用することが大切になります。天医エリアも、まずは自宅の中心から見た玄関のある方位をチェックして、次ページの表で割り出しましょう。

仕事運アップの場合はこの天医エリアが寝室だと理想的ですが、このエリアを寝室として使うことがむずかしい場合は、日頃くつろいでいるリビングなどの場所を天医エリアにしてみましょう。

もし、自宅の中心から見た天医エリアが活用できない場合は、現在のあなたの寝室の中心から寝室ドアを玄関に見たてて、あなたのお部屋だけの天医エリアを活用してみましょう。

また、あなたの希望する就職先や、あなたの目指す職業などに関連する物を、この天医エリアの中に置いておくのも効果的です。

良いお仕事のご縁とスムーズに結ばれるために、この天医エリアをうまく活用してみましょう。

あなたのお部屋の天医エリアは？

玄関の位置	天医エリア
東方位	北エリア
南東方位	南エリア
南方位	南東エリア
南西方位	西エリア
西方位	南西エリア
北西方位	北東エリア
北方位	東エリア
北東方位	北西エリア

✦ 自宅の「天医」エリアを意識して、
お仕事運をアップさせよう。

31
イメージ先取りの法則

あなたは自分の人生や仕事に、どのような未来をイメージしていますか？

本当にやりたかった職業に就いて、バリバリ働いて、休みには海外に行って……。

このようにイメージをすると、ワクワクしてきますよね。

自分の輝く未来をイメージしたり、願望を持つことはとても良いことです。

あなたはその願望を実現するために、日々の仕事をがんばったり、勉強したり、いろいろと準備をしていることでしょう。

しかし、その願望は実現することもあれば、現実にならないこともあります。

その、**現実にならない理由**は何でしょうか？

誰でも未来の自分の姿をイメージすることは自由ですし、そこには何の制限もありません。

それにもかかわらず、

「でも、私にはちょっと無理かも……」

「これはさすがに無理だろうなあ……」

などと、考えてしまうこともあります。

この何気ない考えが意識に入っていると、未来のイメージにも自分自身で制限をかけ、願望を実現しようとする勢いに**自分でストップをかけてしまうのです。**

これは大変もったいないことです。

希望通りのご縁に結ばれるための方法として、あなたの潜在意識をフルに活用してみましょう。

まずは、希望する仕事やなりたい自分に**「すでになっている自分」**の姿をできるだけありありと思い浮かべます。

そして、ここからが大事なのですが、一度強く想った後は、**その想いをスッキリと**

手放してみましょう。

その願望が執着になってしまわないように、あなたの願望がどのように叶っていくのかは、**すべて天にまかせてしまう**のです。

「どうしても見つけたい」と強く思った探し物が、いくら探しても見つからなかったのに、忘れた頃にひょっこり出てくることがありますが、それは、その物への**執着を手放したからこそ見えてくる**ものがあるからです。

願望を実現にするのも同じです。

常に「こうなりたい！」という強い思いで心と頭の中がパンパンになってしまうと、その願望を実現にするためのアイデアとチャンスがせっかくあなたの隣までやって来ていても、そのことに気がつけず、結果どんなにがんばってもご縁を受け取れないのです。

良い未来を先にイメージして強く想像したら、執着にならないように手放す。

この方法で、あなたの望む就職やお仕事の良いご縁と繋がりましょう。

輝く未来を願ったら一旦手放し、
天におまかせするのが成就の秘訣。

32

未来のあなたに会いに行く

ここでもう一つ、夢を叶える方法、夢とのご縁を繋ぐ不思議な方法をお伝えします。

これは、前項の自分の未来を先にイメージする方法をさらに応用したもので、未来の自分に会いに行くという方法です。

まず、椅子などにゆったりと座り、目を閉じて深呼吸をします。

呼吸とともに全身をリラックスさせていきます。

そして、目を閉じたままイメージをします。

今、あなたの目の前にエレベーターがあります。

エレベーターの扉が開き、あなたはそのエレベーターに乗ります。

そして、扉が閉まります。

行き先階を示すボタンには、「未来」と書かれたボタン一つだけがあります。

その「未来」ボタンを押すと、エレベーターはどんどん上に昇っていきます。

しばらく上がると、エレベーターが止まりました。

そうです。扉の向こうはあなたがすでに夢を叶えている未来なのです。

そしてエレベーターの扉が開くと、そこには夢を叶えた未来のあなたが、現在のあなたを待っていました。

未来のあなたはどのような姿をしていますか？

服装や髪型はどうでしょうか？

笑顔は輝いていますか？

目の前に立っている未来のあなたは、すでにあなたの夢を叶えているのです。

さあ、未来のあなたに何でも質問してみましょう。

現在のあなたの状況から、どのようにして現実を変えたのか？

どのように良いご縁と繋がり、夢を叶えたのか？

未来のあなたは、どんな質問にも答えてくれることでしょう。

あなたは満足のいくまで未来の自分に質問をします。

そして、質問のすべてに答えやアドバイスをもらったら、また現在に戻ります。

あなたが「未来」へと上がって来た先ほどのエレベーターにまた乗り込みます。

そして、エレベーター内に一つだけある「現在」というボタンを押します。

エレベーターはゆっくりと下に降りて行き、現在に戻ります。

エレベーターが下に着き扉が開いたら、あなたはエレベーターから出て現在に戻ります。

そして、ここでゆっくりと目を開けます。

現在のあなたに戻りました。


現在に戻ったあなたは、未来のあなたからのアドバイスどおりに行動していくことで、夢を着実に叶えながらご縁がさらに繋がっていくようになります。

あなたがどのようなご縁と結ばれていくのか、**すでにご縁と結ばれている「未来の自分」に聞く。**

楽しみながら一度お試しください。

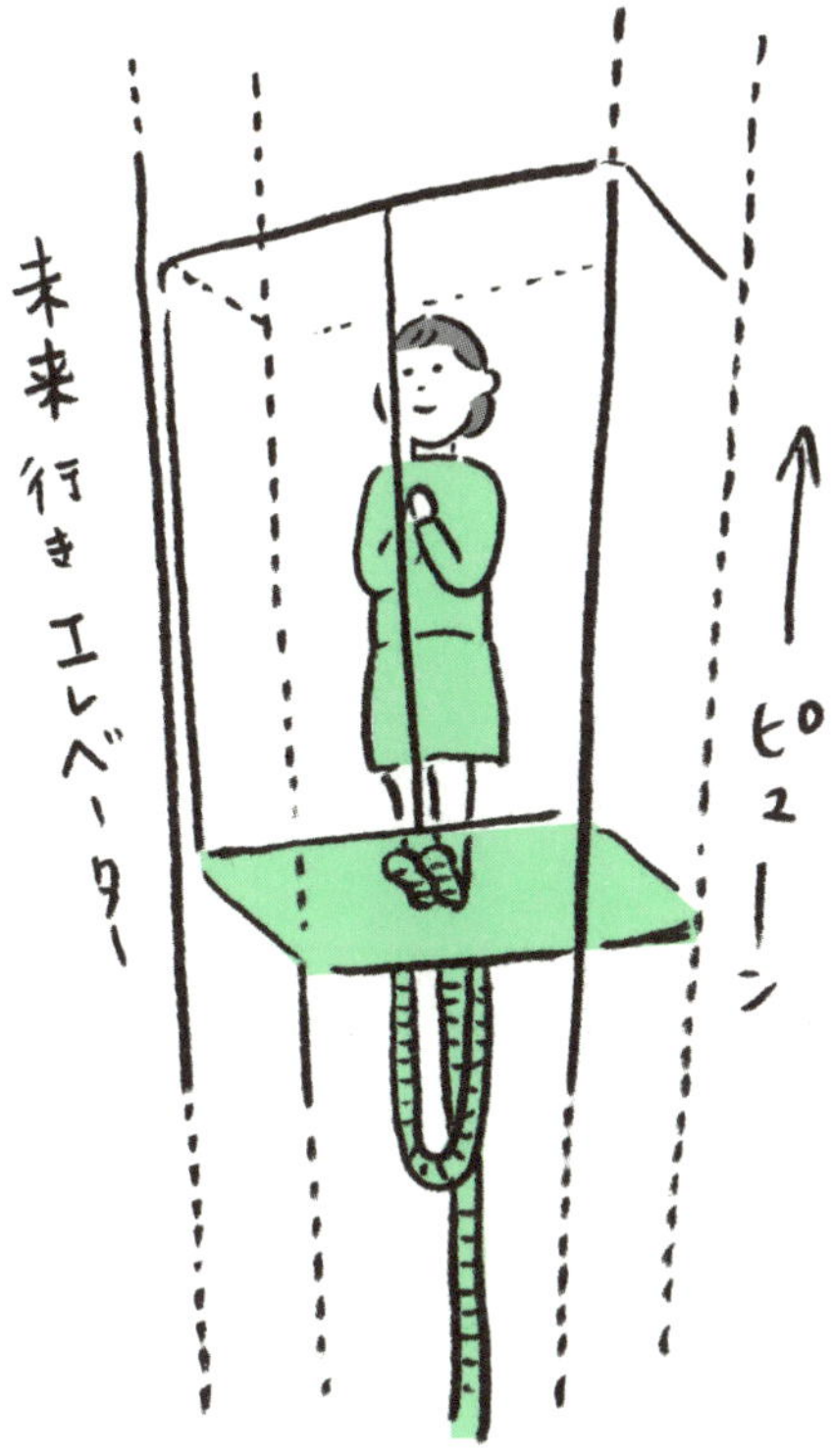

♦ 理想の未来にいる自分に質問して、
アドバイスをたくさんもらおう。

33 ご縁もひとり勝ちの時代

今までの時代は「組織」や「権威」の時代でした。

そして現在は、新しい時代に入り始め、「個人」の時代、そして「魅力」の時代に変わってきています。

今までは仕事でも組織やチームを最優先にやってきた人でも、これからは必ずしも**誰かに歩幅を合わせて一緒に勝ちをめざす必要はありません。**

たとえば、あなたには「自分はこうしたい」というやり方があったとします。

それをまわりに話したとしても、すべてを受け入れてくれることはむずかしいかもしれませんし、いつまで待っても返答さえくれない人もいるでしょう。

これは、仕事でよくある状態ですが、同僚や上司の動きが鈍く、そんな中、あなたが全力を出し切りながら仕事をするとなんだか浮いてしまい、時には、「ほどほどにして、皆に合わせて」なんて言葉をかけられたりします。

今までなら、あなたはその負の圧力に負けてしまうこともあったかもしれません。上司や同僚の顔色をうかがうこともあったかと思います。

しかし、ここでその勢いをゆるめてしまうと、あなたへの良いご縁も遠ざかってしまいます。

あなたの行動のスピード、流れのスピードと他人や組織のスピードは**それぞれ違っていいのです。**

あなたには、あなたのご縁の結ばれ方がありますし、あなたのスピードで動いてもいいのです。

まわりに気を使いすぎて「みんな一緒」を優先させる必要はありません。

あなたはひとりでも勝ちに行って、まわりにその良いご縁をまわしましょう。そうすれば、あなたはさらなる良い循環の中に入って行けることでしょう。

「まわりのスピード」「みんなと一緒」に
合わせなくても大丈夫！

34 自分の「使事《しごと》」の見つけ方

あなたは今の仕事に満足していますか？

自分の希望通りの職場や環境で楽しく仕事をしている人もいるでしょうし、様々な事情で仕方なくその仕事をしている人もいるでしょう。

一度あなたの原点に立ち戻って考えてみましょう。

あなたの**好きなことは何ですか？**

何をしている時に、**やりがいや幸せを感じますか？**

わかりやすいポイントとして、**寝食を忘れるほど熱中できること**を考えてみましょう。

それは、寝食を「我慢してがんばってやっている」ことではありません。

やっていることがとても楽しくて、寝ることも食べることも忘れて、気がつけば夜中だったり夜が明けていたり、ということを言います。

それだけ熱中できることがもしあるならば、あなたが意識をしてもしなくても、それはあなたの「使命」でしょう。

その使命感を持ってやれることを続けていると、それがあなたの仕事になっていき、さらに発展していくと「使事《しごと》」になっていきます。

そして使事に近づくと自然にどんどん良いご縁と繋がり始め、少しずつ環境が良いものへと変わっていくのです。

私の場合は、30年以上前からとにかくたくさんの人の運勢を見ることが大好きでした。

始めは趣味のレベルでしたが、それが夜遅くまで、そして夜明けまでやっていても飽き足らず、さらに深く知りたいという意欲がどんどん湧いてきました。

それが現在の運勢鑑定や風水鑑定の礎になっていることは確かですし、この鑑定が誰かのお役に立てているのであれば、私の「使事」なのだと思っています。

あなたも、**あなただけの使事**を見つけてください。

◆あなたにとって、寝食を忘れるほど
楽しく夢中になることは、なんですか？

35 好きな仕事を天職にするには

あなたにとって、天職だと感じる仕事はありますか？

様々な仕事にチャレンジしてもそれが天職だと感じることができずに、結果的に職を転々とする人もいます。

そこで、自然に天職へとご縁が繋がっていく方法をお伝えします。これは一般的な考え方とは少し違うかもしれませんが、私は強く確信しています。

それは、あなたが**現在やっている仕事**をそのまま「天職」だと思うことです。

「これが私の天職だ」と考えることで、今のあなたの仕事がどんどん評価されます。

そしてさらに向上する仕事、さらに上のご縁へと導かれる方法なのです。

たとえば、飲食が好きな人が、食に携わることが自分の使命だと感じているとしましょう。

しかし、現在のお仕事は文章を書くライターだとします。

その人はまず、今の仕事であるライターという仕事を天職と考え、全力を出し切るのです。そして、使命を忘れず食に関する勉強も続けていると、次にご縁として結ばれやすいのは、「健康を考えた料理本」や「飲食店を紹介する専門誌」などのお仕事でお声がかかったりします。

また、現在は飲食業でお仕事をしている音楽好きな方だとしたら、飲食業を天職、音楽や歌うことを使命と感じ続けることで、次は音楽家を呼んで小さなコンサートができるようなレストランを開業したり、そのようなお店のマネージャーとして切り盛りを任されたりします。

どのような仕事でも、初めから100％理想とする天職に出会うことはほとんどありません。仕事に全力を出し切ることでご縁が繋がりはじめ、仕事が「使事」に変わっていき、だんだんと「使事」と「天職」の差が縮まっていくのです。

あなたも今の仕事を天職だと考えて、まずは全力を出し切ってみましょう。

そうすれば、だんだんと**あなたの見る景色**が変わっていくことでしょう。

♦「使事」と「天職」の差を縮めるには
どんな仕事でも全力を出し切ること。

第4章

ここぞという時に
力を発揮する！

受験・勉強の
縁むすび

36

やる気よりもその気

勉強や受験、あるいは仕事でも、なんとかやる気を出してがんばろうとしているのに、なぜかいつも空回りしてしまうということはありませんか？

そんな時は、無理してやる気を出すより、**まずは「その気」にさせましょう。**そのほうが簡単ですし、結果に繋がりやすくなります。

では、「その気にさせる」ためにはどうすれば良いのでしょうか？

一番の方法は**「褒めること」**です。この方法がすべてと言っても良いくらいで、とても効果のある方法です。

ポイントは、同じ結果であっても、「これしかできなかった」とできていない部分にフォーカスするのではなく、「こんなにできたなんてすごい！」と**できた部分にフ**

ォーカスすること。

たとえば、100点満点の試験で80点を取った場合、不足の20点にフォーカスするのではなく、

「むずかしい問題なのに、80点も取ったのはすごい！」

などと、良いところを全面的に褒めていくのがコツです。

人は、褒められると「自分はすごいんだ！」とどんどんその気になり、結果的にやる気が倍増していきます。

やる気を出させるために、危機感や不安感をあおる方法もあります。確かにこれも一定の効果はあるかもしれません。

しかしこの方法は、心の奥に心配や不安といったネガティブな感情を蓄積させてしまうことになり、最終的にはその**心配や不安が自分自身に返ってくる**ことになりますので注意が必要です。

◆褒めて伸ばして「その気」にさせよう。

37 揺れない、折れない「心の御柱」

同じようにがんばっても、結果的に成果の出る人と出ない人がいます。この違いはいったい何でしょうか？

学業や学校との良いご縁で繋がるために大変重要なポイント、それは、あなたの進む道に心の柱をしっかり立てているかどうかなのです。

これを**「心の御柱《おんばしら》」**と言います。

あなたは人生を通して世の中でどのような貢献をしたいですか？

そのために、何を学びたいですか？

何を目指して、どのような生き方をするのか。まずはそれを心の芯にしっかりと立てておかないと、何か得のありそうな噂や情報に心惑わされるたびに芯が揺らいでしまい、あなたが今まで費やしてきた時間や努力まで無駄になってしまうことにもなります。

少しでも得なほうに、楽なほうに、合理的なほうに、と、損得勘定だけを優先することで、もっと大事なものを失ってしまうこともあるのです。

目指すものも特になく高学歴だけを手にしても、ただ肩書きが増えただけであなたの人生で**本当の満足**は得られないのです。

また、現在は学歴だけでその人となりを判断されたり評価される時代ではなくなっています。

あなたがどのような考えで、どのような目標を持っているのか？

あなたの目指す方向や、理想とする生き方がはっきりしていることが、何より大事なのです。

あなたは「心の御柱」をしっかり立てていますか？　あなたの目標を実現させるための勉強ができる学校、学びの場を選んでいますか？

ここがブレない人を、学業の神様は応援してくれるのです。

◆「心の御柱」があれば、迷いもなくなる。

38 劣等感はご縁を遠ざける

日頃から勉強をがんばっているのに、なぜか成果に繋がらない。そんな時は、あなたが勉強をがんばっている「理由」を一度考えてみませんか。

それが、「劣等感」から来るものだったら、要注意です。

たとえば、自分と他人の学歴を比べてしまう「学歴コンプレックス」。

「高卒の自分が大卒のあの人に敵うわけがない」

「あの人は専門に学んだんだからできて当たり前だ」

あるいは逆に、

「私の学歴のほうが高いのに、なぜあの人のほうが評価されるのかしら?」

などと、このように心の奥で思っている劣等感の強い人は意外と多いのです。

しかし、このような考え方は、せっかくの勉学との良いご縁を一気に遠ざけてしまいます。

さらに、常に自分と他人を比較してコンプレックスを持ち続けることで、自覚がないままどんどん自信をなくし、「自分には価値がないのではないか」という勘違いを続けることになって、とても苦しい人生になってしまいます。

さて、問題の劣等感はどこから来ているのでしょうか？

その原因は、幼い頃、親や先生などからかけられた言葉にあるかもしれません。

幼い頃、「おまえは頭が悪いんだから」とか「どうせ勉強しても無駄だよ」「うちの子はダメだから」など、言った当人には悪気なく発した一言であったかもしれませんが、子どもの心は深いところまで傷ついていたのです。

そしてそれは、表面的には忘れてしまっていたとしても、心の奥底（潜在意識）にしぶとく残っていて、あなたをずっと縛って来たのかもしれません。

しかし、このことに自分で気づくことができれば、もう大丈夫です。

あなた自身が**自分を認め、縛りを解き自由に**勉強に向かいましょう。

そして、さらに良いご縁と繋がっていきましょう。

◆あなたを縛るコンプレックス。その原因を探って解き放とう。

39 「すごく美味しい」の言霊の力

日頃、どのような食事をしていますか？

勉強を続けるときに大切になってくるのは、体力と集中力ですが、この2つを補うために大切なのはなんといっても食事です。

知識を蓄えるためには、脳がうまく稼働するように、しっかりと栄養を取らなければなりません。

ついつい外食に頼りがちになってしまったり、夕飯の時間が遅くなってしまったりする日もあるかもしれませんね。毎日の生活リズムや環境は人それぞれなので、ある程度はしかたのないことです。

できるだけ体に良い栄養を採るように心掛けた上で、何を食べる時でもこの言葉を声に出してみましょう。

「すごく美味しい！」

食べ物には、どんなものでもそれぞれの美味しさがあります。

高級フランス料理にはその美味しさと価値がありますし、シンプルな納豆定食にはその美味しさと価値があります。

あなたが何を食べたとしても、

「これはすごく美味しいなあ！」

と声に出して食べ物を褒めることで、そこにはさらに**ポジティブな言霊の力**が加わります。

その力は体の栄養になるのと同時に心にも栄養を与え、あなたのエネルギーを倍増させてくれるでしょう。

◆食事中の良い言葉は、心にも栄養を
与えてくれる言霊になる!

40 受かった学校が良い学校

ここでは、学校との良いご縁が繋がる考え方をお伝えしましょう。

時々、

「私は頭が悪いから、こんな三流大学しか入れなかった」

と自分を卑下して言ったり、あるいは母親が自分のお子さんについてこのような言葉を言ったりするのを聞きます。

「うちの子は勉強ができなくて、こんな学校しか入れなかったのよ」

でもこれらの言葉は、ご縁結びの観点から見て**一番言ってはいけない言葉**です。

自分自身、あるいはお母さんとお子さんの間のご縁も遠ざけますし、今学んでいる学校や学業とのご縁も遠ざけてしまいます。

少々耳が痛い言葉になるかもしれませんが、

「こんな学校しか入れなかった」

というのは、あなたやお子さんが今まで勉強をどのようにしてきたのか、という問題であり、学校のレベルの問題ではありません。

それを混同して、関係のない学校まで蔑《さげす》んでしまう言葉なのです。

あなたやお子さんを入れてくれた学校です。素晴らしい学校ではありませんか。

「こんな学校」ではなく「こんな素晴らしい学校」なのです。

あなたにとって、落とした学校や諦めた学校のほうがまだ良い学校だと思いますか？

現在学べている場に感謝しましょう。

あなたを、あなたのお子さんを入れてくれた学校が、一番良い学校。

こう考えて感謝しましょう。

すると、先生や友達など、それまで見えなかった良いご縁もどんどん広がっていきますよ。

♦今の学び舎、先生、友達にとことん感謝。

第5章

もう、幸運しか
やってこない！

毎日の
縁むすび

41 ご縁を呼び込む掃除力

少し意外に思われるかもしれませんが、ご縁を大切にし、ご縁からも大切にされる人は、物を無駄に溜め込みません。

そして、自分に必要のない物をきれいに捨てられる人は、いつもスッキリとよどみがない状態でいられるので、**邪気も寄せつけません。**

だから新しいご縁ともスムーズに繋がりやすい状態なのです。

反対に、物を溜め込みやすい人は、良縁を自ら遠ざけてしまう傾向にあります。

今の自分には必要ないのに、「何かあった時に」あるいは「いざという時」必要になるかもしれないという考えから、なかなか物を捨てられない人はとても多いのですが、そのような考え方は現実に「何か」や「いざ」のような状況を呼び込んでしまうので、注意が必要です。

もし心当たりがあるのなら、今すぐに掃除を始めて現実を変えていきましょう。

お部屋の中の断捨離ができると、今まで滞っていたのが嘘のように、ご縁結びがするりとスムーズに進みます。

新しいご縁をいただくためには、そのご縁を入れるスペースが必要であり、そのスペースを作るためには、**古くから溜め込んでいる物たちとの縁切りが必要**になるのです。

「迷ったら、捨てる！」で、新しいご縁を入れるスペースを作りましょう。

ちなみに、掃除でまわりをスッキリさせる思考状態が作れると、ダイエットも上手くいくことが多いのです。それはどちらも、溜め込んだ要らないものを手放す作業、という点でまったく同じだからです。

さあ、あなたも溜め込んでいる物を手放して、身も心も軽くなりましょう。

✦ 断捨離はご縁のためのスペース作り。
「迷ったら、捨てる！」で淀みない状態に。

42 龍神様に住まいを見つけてもらう

住まいは大事なご縁繋ぎの場です。なぜなら、心地の良い暮らしがあってこそ、**良縁を結ぶ良い波動が生まれる**からです。

もしあなたが新しい環境で生活をするための新居を探しているのなら、あなたにとって心地良く暮らせる物件が見つかるよう、龍神様にお願いしてみましょう。

◆龍神様へのお願いの仕方（神社での参拝方法は31～32ページ参照）

1. 拝殿の前で、まず一礼してから、あなたの住所と名前を言います（声に出さなくても大丈夫です）。

2．今現在の住まいで円満に生活させていただいていることへの感謝を伝えます。
3．新たな生活を送らせていただく新居についてお願いをします。

新居を希望する地域や地名が決まっている場合は、その場所も伝えます。

ただ、希望するお部屋についての条件を細かくお願いするのはやめましょう。希望が多すぎると、それが「執着」に変わってしまう場合があるからです。

さらに、願い事は**すでに叶っているイメージ**で話すとさらに良いでしょう。

たとえば、

「（龍神様に）いつも感謝しています。〇〇（地名や地域名）の新しい新居で、さらに開運させていただきましてありがとうございます」

このような言葉にしてみるのです。

あくまでも一例ですので、あなたの希望を入れた言葉に工夫してください。

また、新居を探す地域の鎮守の神様や氏神様の神社に参拝してお願いをすると、さらに良い新居とのご縁が広がるでしょう。

あなたの本気度で、龍神様のご縁繋ぎの協力度が変わりますよ。

いつも感謝しています
さらに開運させていただきありがとうございます
ん？ そう？

♦ 希望の暮らしが叶ったイメージで、
お願いしてみましょう。

43 挨拶はご縁に繋がるパスポート

たとえば初対面の時の、

「はじめまして、よろしくお願いします」

また一日の始まりの、

「おはようございます」

など、気持ちの良い挨拶を心がけていますか？

気持ちの良い挨拶は、**あなたの印象を決める一番大事な行動**と言っても過言ではありません。それは同時に、良いご縁と結ばれる大きなポイントでもあります。

気持ちの良い挨拶というのは、相手が心地良く感じる、気分良く感じるような明るい挨拶のことです。この挨拶をできる人とできない人では、ご縁むすびのレベルに雲泥の差が出てきます。

たとえば、あなたがアルバイトを採用するための面接官になったとしましょう。作業は特にむずかしくない単純作業のお仕事。何人もの候補者がいて、能力的にはどの人も申し分がない。そんな時、最終的にはどの人とご縁をいただこうと思うでしょうか？

あなたが同僚として一緒に働きたいのは、明るくしっかりと挨拶のできる、印象の良い人、ではないでしょうか？

また、逆にあなたが働く場所を選ぶ場合でも、気持ちの良い挨拶の飛び交う職場を選ぶはずです。

このように、挨拶一つでご縁が繋がっていきますし、逆に、挨拶をしてもいつも笑顔がなく暗い表情や暗い声の人は、どんどん良いご縁が遠ざかっていきます。

そして、ここでさらに大事なことは、**「あなたから先に」「明るくて元気な」**挨拶をすること。これで、ご縁むすびの効果は数倍に跳ね上がりますよ。

◆気持ちの良い挨拶を「率先する」と
ご縁むすびの効果が倍増！

44 ハッピーエンドの口グセ

なんだか日々の流れが悪いなと感じるときは、自分が日頃発している言葉使いに意識を向けてみましょう。

「言霊《ことたま》」は、あなたが常に声に出している現実を引き寄せると言われています。

ですからあなたが話す言葉が文句や愚痴、泣き言になってしまうと、その通りの現実を引き寄せてしまいます。

言葉使いや口グセは、この先、悪い流れを断ち切り自分の未来が素晴らしいものになるか、このまま諦めてしまうか、あなたの未来を変える大きな分かれ道になってしまうほど、重要なことなのです。

特に、**最後の言葉、締めくくりの言葉がネガティブなものにならないように**注意しましょう。

「いろいろあったけど、勉強になりました。ありがとうございます」

「大変だったけど解決して良かったね」

など、**良い言葉、良くなる言葉で締めくくるのが良い口グセです。**

ここで注意が必要なのは、さんざん誰かの文句や愚痴を言って、そして最後に取ってつけたように、

「まあそうは言っても、あの人、根はいい人だよね」

とフォローしても効果がありませんよ。

日頃、大量のネガティブな言葉ばかり口にして過ごしている人は、そのような言霊や行動が無意識に染み込んでしまっているので、すぐに現実が変わるような効果は出ません。

しかし、これからの日々を良くしていきたいのであれば、少しずつでもネガティブな言葉からポジティブな言葉に変えていくようにしましょう。

◆どんな言葉で締めくくるかが、未来を変える分かれ道。

45

体調の変化はご縁の前兆

あなたは日頃の生活の中で、特に変わったことはしていないのに無性に眠くなったり、急に疲れやすく感じたり、突然熱が出たりしたことはないでしょうか？　体調がすぐれない場合は安静にしたり医療機関での検査や治療をしたりすることも必要ですが、それだけでは説明のつかない、感情の起伏や急な疲れ、無性に眠くなる等の場合は、**あなたの心の状態**もしっかりと感じてみましょう。

そのような状態の時のもう一つの意味として、あなたの**体の波動に変化がある**最中であることが多いのです。

波動が変わりますと、今までの体調と共に感覚が変わりますので、いわゆる「体の毒出し」の状態になるのです。

恋愛でも同じように、過去の恋愛を清算する時は心が非常に苦しい時もありますが、その苦しい時期が過ぎますと、また新しい出会いがやって来ますし、さらに幸せになれるチャンスもやってくるのです。

このような恋愛の感覚と同じように、医学的原因が特に見当たらず体調や感情が不安定になるときは、**新しい流れに変わる前兆**だと考えてみてください。

波動がさらに良く変わり出している時は心も解放されて、いろいろな心の不純物も体から放出されている時期なのです。

今まさに、「毒出し」の機会がやってきているのです。

心の毒出しが終わると、やがて爽快感と新たなご縁と結ばれるワクワク感で体が元気いっぱいになるでしょう。

✦体調や感情が不安定な時は、心の
状態も見つめてみよう。

46
ご縁を呼び込む感謝法

あなたは自分の家に感謝していますか?

毎日眠ったりご飯を食べたりお風呂に入ったりする自宅は、1日の疲れを取り明日への活力を養う場であり、あなたの**日々の活動と健康を守ってくれている大切な場所**です。

それなのに、家に対して「不便だな」とか「古くなったな」「もっと広かったら良かったのに」など、不満ばかり口にしていませんか?

今回はこの住まいの空間を活かして、あなたに良いご縁が入ってくる方法をお伝えしましょう。

まずは玄関。玄関はその家やお部屋の「顔」になります。

人は顔がいきいきしていてツヤがあるときは調子が良く、どんどん良い物事を呼び込むものですが、それは家も同じ。玄関にも良い波動が流れ良いツヤが出ていると、さらにあなたの家やお部屋が良い空間として輝き出します。

違う意味での「壁に耳あり、障子に目あり」です。

そこで毎朝、出かける前に玄関でお礼を言いましょう。

「いつも私と私の家族をお守りいただきましてありがとうございます」

あなたや家族を守ってくれている家やお部屋、この空間に感謝するのです。

家もそのほかの空間も、あなたの日頃の言葉を敏感に感じ取って反応します。声に出して感謝をすることによって、自宅空間の波動がポジティブなものに変わり、ツヤとなって輝き出すでしょう。

そして玄関だけではなく、あなたの家全体を褒めることも、良いご縁繋ぎの大きなポイントになっていくので、**どんどん褒めて、感謝しましょう。**

長い時間を過ごす自宅こそ、良い波動を流して空間を輝かせましょう。

♦家にもお礼を伝えて褒めて感謝。
あなたを守る空間に良い波動を流そう。

47 合わない人とは、会わない

人とのご縁は様々です。良いご縁もあれば、そうでないご縁もあります。初対面から明るい笑顔と前向きなお話で、会っているだけで元気になる人もいれば、逆に笑顔もなくネガティブな言葉が多く、なんとなくいつも暗い感じの人もいますよね。

後者のような人でも、「友達だから」「親戚だから」「何かのご縁だから」と無理をしてお付き合いをしていると、あなたの良いご縁がどんどん遠ざかっていってしまうので気をつけましょう。良いご縁と繋がるために大事なことは、

「合わない人とは、会わない」

ということです。

そうです。嫌な人とは会わなくていいのです。

「あの人と会わないと何を言われるかわからない」などと心配されるかもしれませんが、たとえ義務感だけでその人と会ったとしても、結果的にはその人はあなたのことを良くは言わないものです。

ですからあなたの印象で「あの人とはやっぱり合わないな……」と思う時は、思い切って「あの人とは会わない」ときっぱりと決めてみましょう。

そうするほうが、実はその人との人間関係もうまくいったり、人間関係の執着を捨てたぶん、さらに良いご縁も繋がり出します。

この考え方は、身内や親戚関係でも同じです。

顔を出せばいつもチクチク嫌味や文句ばかり言う相手でも、たまに顔を出すくらいのほうが大事にされたり、話が盛り上がったりするものです。

我慢やストレスを重ねてまで、ほかの誰かのために自分の人生の大切な時間を費やすのではなく、ぜひ**その時間をあなた自身のために使ってください。**

これで、人とのご縁もさらに繋がることでしょう。

✦ 義務感で時間を消耗する必要はナシ！
自分の大切な時間は自分自身のために。

48 ご縁は日常の向こうにある

あなたは、楽しい毎日を過ごせていますか?

日々の中に、ご家族やご夫婦、ご友人との楽しいひと時はありますか?

このように聞かれると、あなたは自分の人生がいつも慌ただしく、毎日時の経つのも忘れて一生懸命に生きていると感じるかもしれません。

または、良いことも悪いこともない、平凡な日常を送っていると感じている人もいらっしゃるでしょう。

そしてそんな特別なことが何もない毎日が嫌で、「この日々がいつまで続くのだろう……?」と考えてしまうこともあるかもしれません。

あなたが今、自分の人生は大きなイベントや華やかな出来事も何も起こらない、つまらない人生だと考えているとしたら、その考えは間違いです。

この「あーあ。何かいいことないかしら?」と思える**「無事」な日々を過ごすことは、実は運気アップのための大切なステップ**だからです。

というのも、「無事」というのは、何が起きてもそれを乗り越えて全力で前向きに進んでいるということだからです。困難をなくして「無難」に日々を過ごせるようになっている素晴らしい状態を言うのです。

そして、それに気づき、感謝をする日々を送るその先に、すべての良いご縁があなたと繋がり、あなたが今の日常を乗り越えて来るのを待っているのです。

良いご縁にたどり着くためには、**日々の何気ない思いやりや、優しさが大切になります。**

そして、この何気ない日々に対する感謝の気持ちが、あなたを最高のご縁と繋がる向こう側へと連れていってくれるのです。

✦無難な日常こそが素晴らしい。
そう思える人が最高のご縁と繋がる人。

49
悪縁を断ち切る言霊のチカラ

さて、この本も最後になりました。

これまで、いろいろな場面での「縁むすび」について書いてきました。

良いご縁と結ばれるためにいちばん大事なことは、あなたが良いご縁とだけ繋がることを言葉に出して選択することなのです。

前著でも書かせていただきましたが、私の心の師である「斎藤一人さん」から教わりました、「天国言葉」という言葉があります。

「ありがとうございます」「感謝します」「大好き」「うれしい」「幸せです」

このような、思いやりと優しさを持った言葉使いをすることで、魂が向上していくという素晴らしい言葉です。

何度も書いている通り、言葉には「言霊」というものが宿っており、あなたの使う言葉が、そのままの現実を呼び込んできます。

ですから、悪意のある言葉、人を蔑んだりあざ笑ったりするような言葉――いわゆる「地獄言葉」は絶対に使ってはなりません。

これからの人生、あなたにどのようなことが起きても、それがまさに試練としか思えないような出来事が起きても、「感謝します！」という天国言葉の言霊で試練を理想の現実、未来に変えていきましょう。

悪い出来事は、「受け取りません」と言霊にすることで、あなたが今まで不本意ながら受け取っていた悪縁を断ち切ることができます。

絶対にそのまま受け取らない覚悟を持ちましょう。

そして、必ず感謝の言葉で締めくくることで、悪縁と完全なる「縁切り」ができるのです。

悪縁との縁を切り、良いご縁と繋がる。すなわち「縁むすび」となるのです。

あなたにすべての良きご縁が雪崩のごとくやってきますように。

◆大変な時こそ「天国言葉」で良いご縁とだけ繋がって、理想の未来へ！

切り取って使える!

ご縁をむすび、幸運を引き寄せる

●護符の使い方、持ち方

基本的には常に身に付けておくことをおすすめしますが、家内安全のお札などは玄関に貼っても良いでしょう。持ち歩く場合は、護符を小さくたたみ、人に見えないように身に付けます。

●護符の効果

護符の効果は1年から長くて3年だと言われ、護符の目的にもよりますが一般的には1年ほどだと言われます。その期間が過ぎても効果がなくなるわけではありませんが、時間が経つにつれだんだんと護符も汚れ、効果が弱まってくるとされています。

●自分以外の人のための護符

家族や友人などについての祈願があるが、本人には渡せないという場合は、護符を白い封筒に入れ、表にその人の名前を書いて祈願すれば良いでしょう。

●護符の処分法

神社やお寺でいただいたものは、神社やお寺に返すのが一般的です。また自分で処分する場合は、白い半紙に御符をつつみ、そして粗塩をかけて燃やします。かしこまった作法なども多々ありますがあまり気にせず、その護符に対して感謝の気持ちで処分すると良いでしょう。

●その他の注意点

護符は人に見られないことが一番良いのですが、人に見られても効果がなくなるわけではありません。ただし、その護符の目的や意味を人に話してしまうと効果が弱まってしまうと言われています。ご自宅やお部屋で護符のことを聞かれた時は、海外のお土産やいただきものなどと話しておくのが無難でしょう。

夫婦関係を良くする護符

恋愛成就の護符

一
尸田鬼
日日日
喼急如律令

金運アップ
（千客万来）の
護符

金運アップの
護符

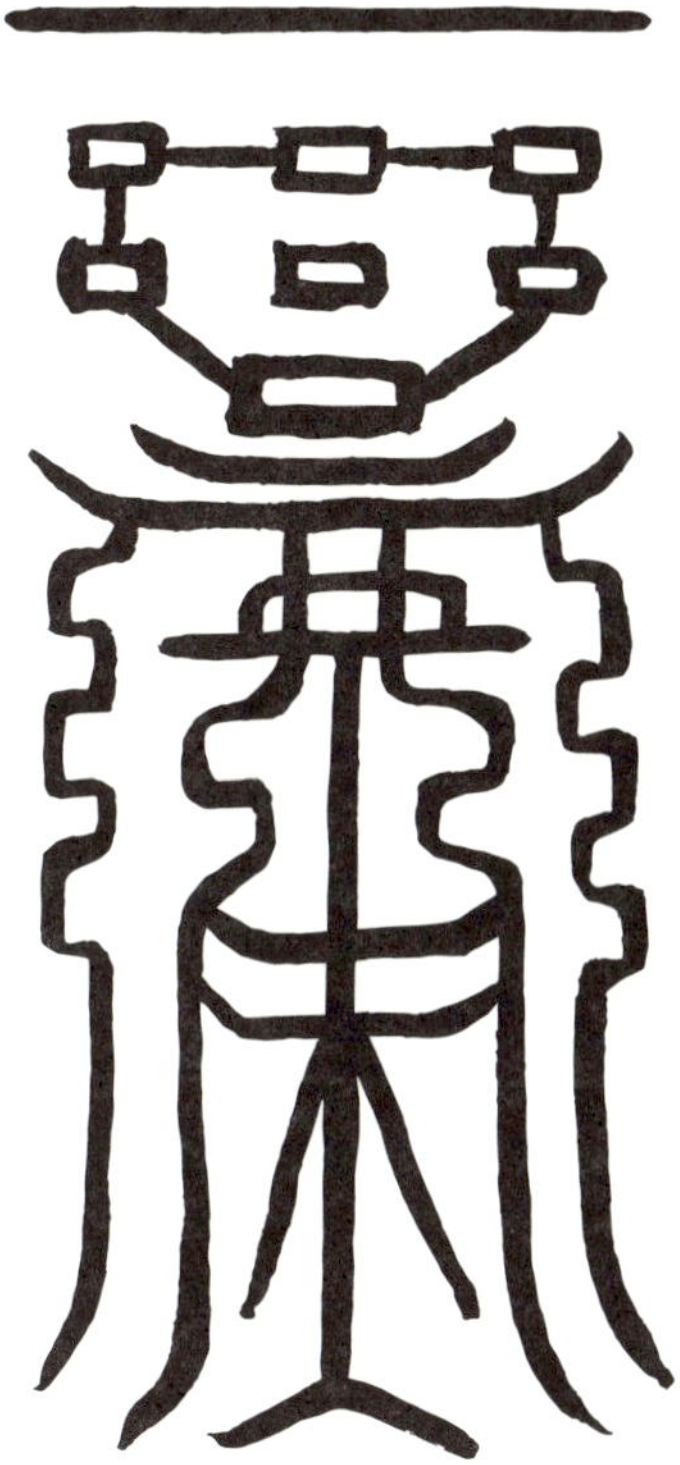

試験に受かる
護符

仕事運アップの
護符

日日日日
日日日日
日日日日
日日日日

喼急如律令

家内安全の
護符

どんな願い事も
叶える
護符

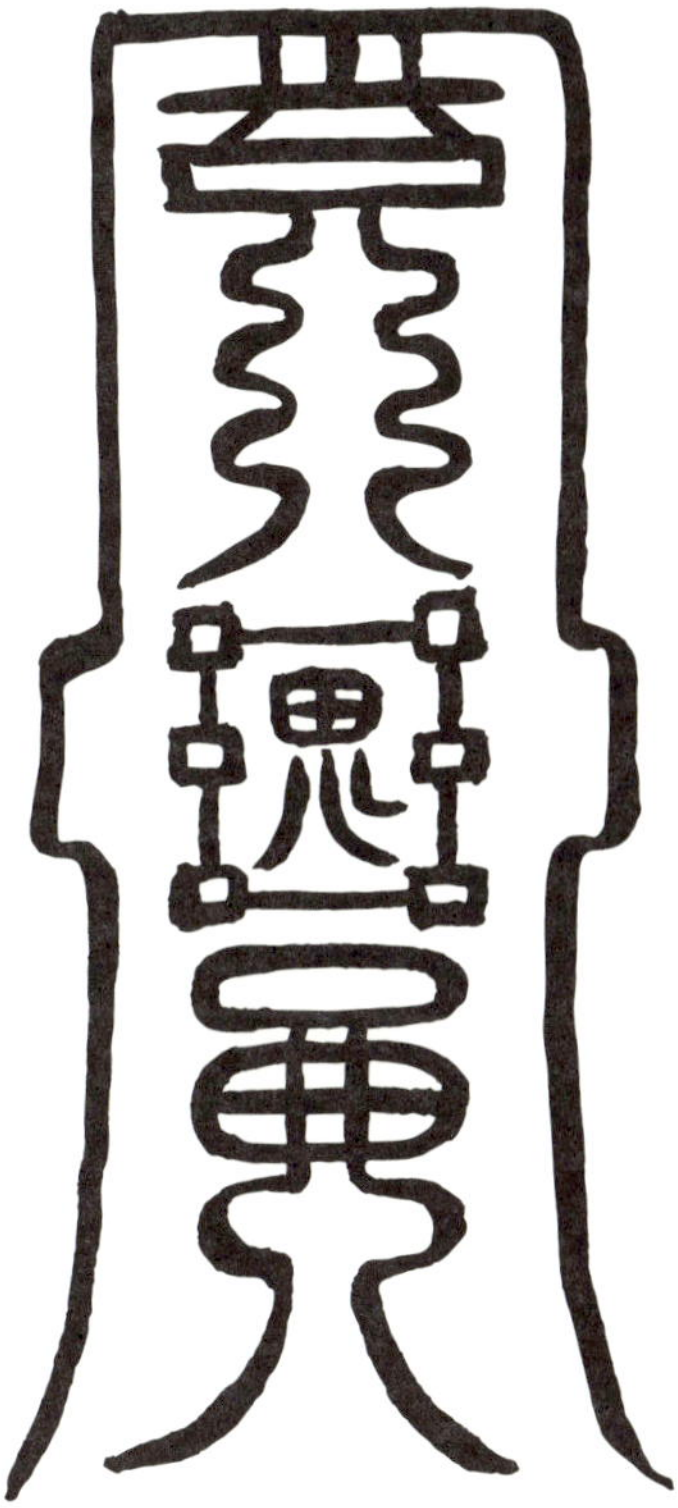

青龍《せいりゅう》

風水師・占術研究家。36代にわたり君臨した古代新羅王族の末裔。占術や霊能に深く縁のある家系に生まれ、幼い頃から視えない世界との交流があったため、自然とあらゆる占術を学び、身につける。除霊・浄霊に関わりながら、風水と目に見えない気との関係性を独自に研究。占術は人相、手相をはじめ、四柱推命、奇門遁甲、紫微斗数などを駆使する。また、一之宮参りの旅をはじめ、日本全国の神社を巡り「龍神さま」を味方につける活動を積極的に行なっている。

著書に『邪気を祓い幸運を引き寄せる お祓いドリル』(2012年、アルマット刊)、『自分でできる 邪気ばらい』(2016年、小社刊)がある。
◆青龍HP「心に灯をともす」http://seiryu168.com/

自分でできる縁むすび

2017年11月25日　第1版第1刷発行

著　者　青龍
発行者　玉越直人
発行所　WAVE出版
〒102-0074 東京都千代田区九段南3-9-12
TEL 03-3261-3713
FAX 03-3261-3823
振替 00100-7-366376
E-mail: info@wave-publishers.co.jp
http://www.wave-publishers.co.jp

印刷・製本　シナノ パブリッシング プレス

NDC 159 190p 19cm
ISBN 978-4-86621-085-8